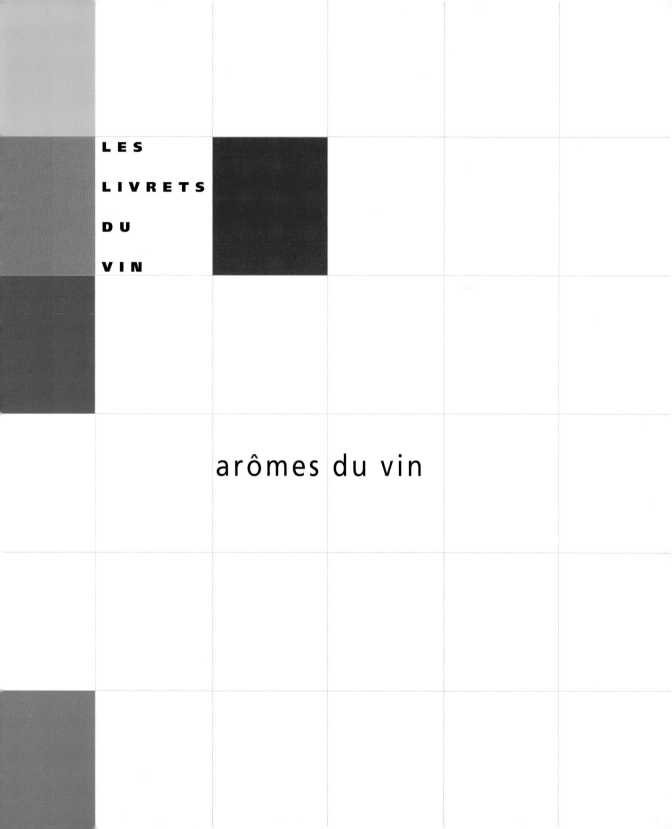

LES
LIVRETS
DU
VIN

arômes du vin

arômes du vin

MICHAËL MOISSEEFF • **PIERRE CASAMAYOR**

HACHETTE

SOMMAIRE

Découvrir...
Qu'est-ce qu'un arôme ?

L e vin peut contenir près d'un millier de molécules aromatiques qui se démasquent lentement, au fil du temps. Ce fantastique bouquet de parfums résulte d'une alchimie entre les composants du vin. Le mot arôme est ainsi chargé de mystère et de poésie.

Jeune fille servant des parfums (maison de la Farnésine, Rome, Iᵉʳ siècle après J.-C.).

Des épices au parfum

Le mot arôme vient du grec *arôma* qui signifie épice, dont dérive le latin *aroma*, « aromate », « onguent parfumé » ou tout simplement « parfum ». Au XIIᵉ siècle, il prend le sens unique de parfum, émis par des essences végétales ou tout autre substance volatile. Aujourd'hui, le terme « arôme » fait référence à une famille d'odeurs au caractère hédonique. Un classement distingue les odeurs agréables non alimentaires, dénommées « parfums », des odeurs attachées aux aliments, qui sont les arômes. Une seule exception : les arômes des glaces sont appelés parfums. En dégustation, l'arôme n'est pas perçu uniquement en tant qu'odeur ; il est aussi flaveur, c'est-à-dire goût et odeur perçus simultanément en bouche et par voie rétronasale (*cf.* p. 9).

Une histoire de molécules

La matière est constituée de particules infimes, ensemble d'atomes liés entre eux, appelées molécules. Le menthol, par exemple, est une molécule responsable de l'odeur caractéristique de la menthe poivrée, ainsi que de la sensation de fraîcheur que la mise en bouche d'un produit contenant cette substance suscite. Une autre molécule, la vanilline, qui peut être extraite des gousses de vanille parvenues à maturité, est aisément identifiable par son odeur sucrée.

Pour être odorante, une molécule doit être volatile, c'est-à-dire capable de se détacher de son support et de partir voguer dans l'espace ambiant, jusqu'à ce qu'elle soit aspirée par un individu « équipé » d'un système physiologique lui permettant de la détecter. La volatilité est le phénomène physique sur lequel repose le pouvoir odorant. Elle correspond au passage de l'état liquide à l'état gazeux, et elle est donc modulable suivant les principes de la thermodynamique.

Des arômes volatils

Considérez un phénomène simple. Prenez une casserole de café froid et penchez-vous à la surface du liquide sombre pour le flairer. Vous percevez une odeur certes reconnaissable, mais peu puissante. Selon la qualité du café, vous identifiez des notes évoquant la réglisse, la noisette grillée, le cacao, le sous-bois. Faites chauffer la casserole de café ; vous observez trois phénomènes :

• L'odeur augmente progressivement en intensité et se répand dans l'espace environnant. Vous la percevez de plus en plus fortement. De la vapeur se dégage de la casserole, qui porte les molécules odorantes.

• L'odeur de café chaud n'est pas la même que celle du café froid : certaines notes perçues dans le café froid ont disparu, tandis que de nouvelles se manifestent.

• Si vous oubliez la casserole sur le feu, le café bout et l'odeur se modifie radicalement jusqu'à devenir désagréable.

Vous en concluez aisément que la chaleur, en augmentant la volatilité, accroît la puissance de l'odeur.

Cependant, la volatilité n'augmente pas de la même façon suivant les molécules. La chaleur permet de modifier la composition même du mélange en déclenchant une réaction physicochimique. Appliquez ces observations à la dégustation d'un verre de vin à maturité. Afin de détecter les différentes molécules composant le bouquet d'un bon cru, la température du vin ne doit être ni trop basse, pour favoriser le dégagement des constituants aromatiques, ni trop haute, auquel cas l'équilibre aromatique serait bouleversé. Le passage de la température de la cave à celle de la pièce où a lieu la dégustation doit ainsi être progressif. Enfin, lorsque le vin est mis en bouche, la température modifie l'évaporation et de nouvelles molécules peuvent être perçues. Il convient de laisser un fond de verre et de reprendre la dégustation après quelques heures, car les molécules les plus lourdes ne se révèlent que tardivement.

Six grandes familles de molécules

Les substances chimiques qui interviennent dans la perception olfactive du vin sont classées en grandes familles, selon leur complexité et leur réaction avec l'oxygène, l'eau, les acides, les bases, *etc*. Six familles principales de molécules se distinguent :
• Les **alcools simples**, dont les plus connus sont l'alcool éthylique, également appelé éthanol, et l'hexanol qui présente une note « vineuse », assez

La palette aromatique des portos selon leur style.

proche de l'alcool amylique : c'est une odeur fruitée, un peu grasse.
• Les **alcools terpéniques**, c'est-à-dire formés d'éléments à cinq atomes de carbone. Cette famille comprend non seulement le cis 3 hexénol, souvent cité pour son arôme d'herbe verte, mais aussi le nérol, le géraniol, le linalol, le citronellol et bien d'autres molécules responsables de la majorité des arômes de fleurs et de fruits frais.
• Les **aldéhydes**, provenant en général de l'oxydation des alcools terpéniques. Ainsi le citronellol donne-t-il le citronellal. Cette famille comprend aussi le citral, à la note citronnée, le furfural à la note caramélisée.
• Les **cétones**, parmi lesquelles la damascone au parfum de rose et de

pomme verte, ou la frambinone caractéristique de la framboise.
• Les **lactones**, qui sont des molécules complexes donnant des notes de pêche, de violette ou de fruits exotiques, ont une grande importance dans les vins blancs de qualité.
• Les **esters**, qui apparaissent surtout après la fermentation, sont certainement les plus importants pour la qualité olfactive d'un vin. Cette famille regroupe les acétates, les lactates, les malates et les butyrates, qu'ils soient d'éthyle (fraise, pomme), de géranyle, de benzyle (cerise) ou d'iso-amyle (bonbon anglais). D'autres familles interviennent aussi, telles les pyrazines, les soufrées, *etc*., mais leur énumération fastidieuse pourrait faire à elle seule l'objet d'un traité de chimie.

Découvrir...
Le sens de l'odorat

L'odorat est un sens chimique, à l'instar du goût. Pour que nous puissions détecter une odeur, c'est-à-dire la présence de certaines molécules volatiles, ces molécules doivent préalablement parvenir au véritable organe de l'odorat. « On ne mange rien sans le sentir avec plus ou moins de réflexion ; et, pour les aliments inconnus, le nez fait toujours fonction de sentinelle avancée, qui crie : Qui va là ? », commentait Anthelme Brillat-Savarin.

La muqueuse olfactive

Les odeurs sont perçues par deux organes précis, situés en haut de chacune des fosses nasales et formant la *muqueuse olfactive*. Pour parvenir à la muqueuse olfactive, les molécules osmophores, c'est-à-dire porteuses d'odeur, doivent éviter les vibrisses, qui sont les poils des narines, et pénétrer dans les fosses nasales. Elles remontent à travers ce réseau de chicanes que forment les cornets, supérieurs, médians et inférieurs, jusqu'au sommet des fosses. La muqueuse olfactive a une surface apparente plutôt petite, d'environ 4 cm^2, mais elle tapisse une région extrêmement accidentée et sa surface réelle est sans doute bien supérieure.

Les neurones olfactifs

La muqueuse olfactive est formée de *neurones* spécialisés dans la détection des molécules, enveloppés et protégés par des cellules

Le nez est l'instrument le plus sophistiqué et le plus performant pour la reconnaissance des arômes.

moins sensibles qui servent de soutien, appelées cellules basales ou cellules épithéliales. Les neurones olfactifs envoient des informations sur les odeurs dans une zone spécialisée du cerveau appelée *bulbe olfactif*. Comme tous les nerfs, ils se constituent d'un corps central et de deux types de prolongements : certains de ces prolongements conduisent les informations de l'extérieur vers le centre (les dendrites), tandis qu'un autre, dénommé axone, envoie les informations du centre vers l'extérieur.

L'extrémité sensitive des neurones olfactifs est formée d'un ensemble de *cils olfactifs* baignant dans le mucus. C'est cette extrémité qui entre en contact avec les molécules volatiles. Pour que ce contact puisse se réaliser, les molécules doivent être transportées par des protéines spécialisées à travers le mucus qui couvre l'ensemble de la muqueuse olfactive.

Le mucus, sécrété par les cellules basales de la muqueuse, protège les neurones de certaines agressions extérieures.

Du nez au cerveau

L'axone d'un neurone de la muqueuse olfactive part du corps central, noyé dans la muqueuse, et rejoint le bulbe olfactif situé dans le cerveau, en pénétrant la paroi osseuse de la boîte crânienne à travers un os très fin appelé *lame criblée de l'ethmoïde*. L'axone permet donc à des courants électriques de très faible intensité d'exciter une région spécifique du cerveau, nous rendant ainsi conscients de l'existence d'odeurs alentour. Mais comment pouvons-nous les différencier ?

Les récepteurs olfactifs

Enchâssées dans la membrane des cils olfactifs, existent des structures protéiques complexes, dénommées *récepteurs olfactifs*. Ces structures fixent certaines molécules volatiles pendant un laps de temps, durant lequel la perméabilité membranaire est modifiée. Cette modification provoque un signal de nature électrique qui remonte le long du cil, puis le long du neurone pour conduire l'information détectée au niveau du bulbe olfactif. La relation qui lie la molécule à la structure protéique est spécifique. Elle dépend avant tout de la forme de la molécule. Il existe ainsi des récepteurs olfactifs différents pour la molécule de vanilline et pour

La voie rétronasale

Lorsqu'un aliment est dans votre bouche, les saveurs élémentaires (sucré, salé, amer, acide) sont analysées par la langue, mais les arômes sont détectés par le bulbe olfactif par voie rétronasale, c'est-à-dire par le passage qui relie le palais aux fosses nasales.

Pour vous en convaincre livrez-vous à cet exercice. Demandez à un ami de se pincer le nez (dès lors, l'air ne circule plus vers la muqueuse olfactive) et de mettre en bouche un peu de jus de fruit (ananas par exemple, l'acidité du jus d'orange étant reconnaissable). Il sera incapable d'écrire le nom du fruit. Dès qu'il cessera le pincement, il vous indiquera immédiatement « ananas ».

la molécule de menthol. C'est ce qui explique que tout n'a pas la même odeur. Cependant, des molécules différentes peuvent exciter le même récepteur, envoyant ainsi le même message, ce qui nous empêche de les distinguer « à vue de nez ».

L'accoutumance aux odeurs

Si vous pénétrez dans un endroit nouveau, vous percevrez l'atmosphère olfactive qui y règne. S'il n'y a rien de remarquable (odeur agréable ou nauséabonde), vous n'y prêterez bientôt plus

L'anosmie

L'impossibilité de percevoir les odeurs se nomme anosmie. Cette déficience peut être partielle ou, plus rarement, totale. Ses causes sont multiples :
• Une obstruction plus ou moins complète des fosses nasales, par déviation de la cloison nasale ou par inflammation de la muqueuse olfactive ou des tissus environnants ;
• Un déficit des récepteurs olfactifs, transmis avec le reste du patrimoine génétique. C'est ainsi qu'une partie de la population est incapable de percevoir l'arôme de noisette fraîche que d'autres perçoivent très bien dans certains beurres ;
• Une section des nerfs olfactifs. Par exemple, un choc frontal fort peut écraser la lame criblée de l'ethmoïde et sectionner les neurones qui la traversent, rendant impossible la transmission de l'information des fosses nasales vers le cerveau.

attention. De même, si vous croquez plusieurs grains de raisin de muscat avant de déguster un vin de ce cépage, vous aurez la surprise de découvrir de nouveaux arômes dans votre verre. Vous étant accoutumé aux arômes floraux du fruit, vous percevrez alors des notes aromatiques plus fines résultant de la vinification. Lors d'une dégustation, si vous commencez par un vin riche en arômes, le suivant vous paraîtra plus pauvre qu'il ne l'est en réalité.

Découvrir...
La mémoire des arômes

Lorsque l'on sait qu'il a été identifié plusieurs centaines de molécules odorantes dans le vin, mémoriser les arômes semble être une gageure... Pourtant, chaque odeur fait surgir de la mémoire des émotions, des expériences sensorielles auxquelles s'associe un nom : vanille des desserts maison, jacinthe de Noël, mûres cueillies dans les bois à la fin de l'été.

Comment les arômes sont-ils mémorisés ?

Si le sens de l'odorat, localisé dans les fosses nasales, réagit à la stimulation de quelques molécules, l'odeur n'est rien sans l'intervention du système nerveux. Les signaux sont transmis par des neurones vers les bulbes olfactifs qui les transforment en informations. Celles-ci sont acheminées vers les régions du cerveau dédiées au traitement de ces données : l'hypothalamus, le néocortex et le lobe temporal où des structures spécialisées permettront de les stocker. Ainsi, après avoir été confronté une première fois à une odeur, pouvez-vous la reconnaître et, parfois, la nommer, lors de nouvelles occurrences.

Réveiller des souvenirs

À chaque inspiration, des molécules volatiles excitent votre muqueuse olfactive. Elles n'ont pas toutes la faculté de réveiller des souvenirs. Pour être efficaces, elles doivent être liées à un événement affectif ou hédonique. L'odeur de ras-el-hanout rappelle le marché aux épices orientales de vos vacances au Maroc ; celle de la Gauloise consumée, des visages familiers. La nostalgie serait-elle fragrance ? L'odeur n'évoque pas des mots, mais éveille des émotions. Il en est de même des arômes du vin : garrigue méditerranéenne, cerise bourguignonne. À sa naissance, le nouveau-né a déjà la mémoire des odeurs, car sa muqueuse olfactive a été stimulée par des substances dissoutes dans le liquide amniotique. Des travaux menés par des chercheurs de Tours ont établi qu'un nourrisson d'un jour réagissait à l'odeur du liquide amniotique. Au fil du temps il devient sensible à l'odeur du sein maternel, de son entourage, *etc.* Les propriétés de la mémoire du langage s'appliquent à la mémoire olfactive, mais la mémoire olfactive possède quelques particularités : elle persiste notamment plus longtemps que la mémoire visuelle. Un souvenir olfactif serait stocké

durant environ sept ans, une nouvelle rencontre avec l'odeur mémorisée prolongeant encore ce délai.

Découvrir de nouveaux arômes

Celui qui n'a jamais mangé de litchi ne pourra pas évoquer son parfum en humant un gewurztraminer de bon aloi. L'apprenti dégustateur se doit donc d'enrichir ses références aromatiques, dont il mémorisera l'odeur en même temps que le nom. Cuisine, jardin, épicerie, parfumerie, pharmacie, marché de fruits et légumes constituent les sources essentielles de cet apprentissage. Vous pouvez découvrir des fragrances rares et des fumets puissants dans les parcs et les expositions horticoles, dans les cirques et les zoos, dans les bois. Renseignez-vous sur la nature des produits que vous achetez : de quel pays vient cette cannelle ? De quelle partie de l'arbre en a-t-on arraché l'écorce ? Est-elle sèche ou pas ? Est-ce là de la lavande ou du lavandin ?

Une mémoire structurée

Commencez par structurer votre mémoire olfactive en admettant que les arômes du vin relèvent d'une douzaine de familles aromatiques : les floraux, les fruités, les végétaux, les boisés, les balsamiques, les épicés, les animaux, les empyreumatiques (grillé, fumé, torréfaction), les minéraux, les marins (iode), les pâtisseries, les défauts. Dès que vous rencontrerez une nouvelle odeur, mémorisez son nom

et classez-la dans l'une de ces séries. Comment faire appel à cette mémoire olfactive ? Vous voici le nez au-dessus d'un verre de vin à la bonne température. Pour débuter, choisissez des vins aux arômes puissants, mais simples. Un jeune muscat-de-frontignan fera l'affaire. Inspirez à petits coups de manière à envoyer le maximum de molécules odorantes vers les muqueuses olfactives. Surtout, prenez votre temps ; fermez les yeux si cela facilite votre concentration. Les effluves d'alcool sont aisément reconnaissables. Puis, vient un arôme agréable, à la fois floral et fruité. Suivant l'origine et l'âge du vin, vous identifiez le parfum de la rose ou celui de la fleur de sureau, ou encore du jus de litchi. Vous ne reconnaissez pas l'odeur de la fleur de sureau ? Cette référence vous manque. Il est certes utile de combler vos lacunes, mais le plus important est de prendre conscience de la complexité aromatique du vin : il ne s'agit pas d'une odeur simple, mais d'une palette de notes, d'une gamme aromatique. La dégustation en groupe permet de reconstituer le « nez » du vin, grâce au travail de reconnaissance de chacun. Parfois, vous serez tenté de remettre en cause le nom que donne le dégustateur averti à telle sensation olfactive : ce qu'il nomme rose vous évoque plutôt la jacinthe. Gardez votre référence pour votre propre usage. Cependant, afin de partager vos impressions, il est conseillé d'apprendre les conventions qui régissent le langage des dégustateurs.

Découvrir...
La culture des arômes

L'appréciation des saveurs dépend certes d'une appétence innée, mais plus encore d'un apprentissage en société dictant notre appartenance à une civilisation gastronomique. Ces repères culturels ont de même leur importance dans la constitution des styles de vins, selon les pays et les régions.

L'apprentissage du goût

La culture alimentaire peut aller à l'encontre des appétences de l'individu. L'impression de brûlure que donne le piment en bouche rebute l'enfant. Toutefois, dans un pays dont la gastronomie repose en grande partie sur l'usage de cet aliment, cette sensation finit par être appréciée. Il en va de même de la saveur amère et de l'astringence : les tanins du vin sont souvent perçus de façon négative par l'apprenti dégustateur, en raison de leur caractère quelque peu agressif. Une éducation du palais permettra au néophyte de surmonter ce premier sentiment afin d'accéder à l'univers des grands crus encore jeunes. Il lui faudra ensuite apprendre à distinguer les différentes sortes de tanins (venus du raisin ou du bois de fût) et à anticiper l'avenir d'un vin en évaluant la qualité des tanins déjà présents. Aujourd'hui, on assiste à une évolution du goût : la préférence pour la saveur sucrée semble s'imposer, aux dépens de l'appréciation des sensations plus austères. Le passage

Fraise ou ananas ?

La différence des cultures peut engendrer des situations complexes. Au cours d'une dégustation de beaujolais nouveau, une étudiante thaïlandaise se trouva fort dépourvue lorsqu'il lui fallut déceler l'arôme de framboise typique du célèbre vin primeur, ce fruit n'existant pas dans son pays. De même, lors de tests sur des compositions aromatiques, des spécialistes japonais décelaient systématiquement des arômes d'ananas, là où leurs collègues français relevaient des notes de fraise. Il s'agissait de produits contenant du furanéol, molécule décrite dans la littérature comme évoquant l'ananas grillé ou la fraise confiturée.

fréquent du vin sous bois ne fait sans doute qu'accroître cette tendance. De plus, la consommation généralisée de sodas, dès l'enfance, n'est pas étrangère à un tel engouement.

Des goûts et des arômes

« C'est la gastronomie qui inspecte les hommes et les choses, pour transporter d'un pays à l'autre tout ce qui mérite d'être connu, et qui fait qu'un festin savamment ordonné est comme un abrégé du monde, où chaque partie figure par ses représentants », écrivait Brillat-Savarin dans sa *Physiologie du goût*. S'il est vrai que notre alimentation a gagné en diversité grâce

Toshihiko Tsukamoto, président de Lumière S.A. au Japon et membre correspondant de l'Académie du vin de Bordeaux.

Bento de Carvalho, ingénieur agronome de l'Institut de la vigne et du vin à Porto.

aux expéditions et découvertes botaniques de grands voyageurs, les cultures restent différentes d'une aire géographique à l'autre, et les systèmes de références se situent parfois aux antipodes. Ainsi, examinez ces deux pivots de la gastronomie de l'Asie du Sud-Est que sont le durian, fruit de la famille du jaquier, et le nuoc-mâm, sauce à base de poisson fermenté. Aux yeux – et surtout au nez – des Européens, ces deux produits sont peu alléchants. Le premier évoque le poireau et l'ail ; le second, le poisson pourri. L'élaboration du nuoc-mâm constitue pourtant un processus d'une finesse et d'une précision comparables aux méthodes qui président à la naissance des grands champagnes. Quant au durian, le vrai gourmet de Singapour, qui ne peut pratiquement pas s'en régaler dans son pays, n'hésite pas à passer

la frontière de la Malaisie pour satisfaire sa gourmandise. De la même manière, quelques joyaux de la fromagerie française dégoûtent les Extrême-Orientaux. Sans aller jusqu'à ces réactions presque excessives, il est facile de constater qu'en matière d'arômes certains repères font pratiquement défaut à d'autres cultures : aux États-Unis et dans les pays germaniques, la cannelle est présente dans un nombre important de produits alimentaires ou non, tandis qu'en France cette épice n'a fait son retour qu'à une date récente.

Découvrir...
Comment capturer les arômes ?

Comme si la tâche de l'œnologue et du chimiste n'était pas assez ardue, compte tenu de l'immense variété des molécules odoriférantes, une autre difficulté se dresse devant eux : la très faible concentration de ces molécules dans le vin. Comment les chercheurs sont-ils parvenus à identifier plus de mille composants volatils dans le bouquet d'un grand cru ?

Le défi de l'infiniment petit

La quantité des substances aromatiques actives dans le vin est souvent extrêmement faible, de l'ordre de quelques parties pour un million, ce qui signifie que pour obtenir un gramme de cette substance pure, il faut une tonne de produit de départ. Aussi, pour identifier les composants du vin selon les anciennes techniques d'analyse, les scientifiques avaient-ils besoin de plusieurs grammes de produit purifié.

La molécule responsable de l'arôme agréable de vanille a été nommée vanilline par les chercheurs qui ont réussi à l'extraire. Elle représente 5 % de l'extrait total de vanille. Elle apparaît particulièrement lorsque le vin a séjourné en fût de chêne neuf. La teneur en vanilline y est de l'ordre de 1 pour 1 million. À partir d'un fût de 250 litres, on pourrait, au mieux, extraire un quart de gramme de vanilline pure. Lorsque, au début du XXe siècle, des chercheurs parvinrent à synthétiser une molécule à l'odeur parfaite-

L'apparition du chromatographe phase gazeuse dans les années 1950 révolutionna la recherche sur les arômes. Il avait fallu deux siècles pour identifier soixante-dix des composants du seul arôme de café, une dizaine d'années suffit à en isoler sept cents.

ment reconnaissable de violette, ils crurent d'abord qu'ils venaient de l'inventer. Ce n'est que plus tard que l'on découvrit que l'ionone existait bel et bien dans la nature, mais en quantité si faible dans les violettes ou dans d'autres fleurs que, pendant longtemps, on ne put la mesurer. Dans le vin, l'ionone est présente à une dilution de un milliardième.

La révolution du chromatographe

Si l'on injecte un peu de vin dans un tube où circule un gaz inerte, les molécules volatiles suivent le courant de gaz comme une fumée de cigarette dans un courant d'air. Les composants les plus légers devancent les plus lourds. Si le tube est suffisamment long, les molécules se séparent les unes des autres et, à la sortie, apparaissent les unes après les autres. C'est le principe – simplifié – de la chromatographie phase gazeuse. Ajoutons un système simple permettant de détecter les molécules sortant du tube et leur quantité : il n'est alors plus nécessaire de séparer les molécules les unes des autres dans un mélange, ce qui constitue un gain de temps et d'énergie. Ainsi, de très faibles quantités de produit, de l'ordre de quelques microlitres, peuvent-elles être étudiées. Il est également possible d'analyser uniquement l'air qui flotte au-dessus du vin – ou d'une fleur –, en concentrant légèrement les molécules sans les dénaturer. C'est la technique de l'espace de tête, ou *head space*.

Le tube capillaire, extrêmement fin, enroulé sur lui-même et fait d'une silice pure, peut mesurer plusieurs dizaines de mètres. Sa face intérieure est doublée par une couche de produit permettant une séparation efficace des molécules. Ce capillaire est contenu dans un four dont on peut augmenter la température suivant un certain gradient. Dans des conditions données, le temps qui sépare l'instant de l'injection du moment où la molécule est détectée à la sortie est une constante. Ces constantes sont conservées dans des bases de données, sur un ordinateur couplé au chromatographe, permettant d'identifier les molécules à leur sortie.

La spectrométrie départage les ex æquo

Lorsque deux molécules différentes sortent au même moment, les deux pics du chromatogramme se chevauchent, et il est impossible d'identifier la proportion de chacune dans le mélange analysé. Le chercheur a alors recours à d'autres techniques pour distinguer les

molécules : il mesure les différences de spectre de résonance magnétique nucléaire (RMN) ou utilise la spectrométrie infrarouge (IR).

Le *sniffing*, ou l'homme-machine

Si le nez humain ne peut pas déterminer la structure atomique ou moléculaire des composants odorants de l'air, ses performances n'en sont pas moins supérieures à celles des meilleures machines quand il s'agit de détecter certaines molécules à des concentrations inférieures au milliardième. Les chercheurs ont ainsi mis au point une nouvelle technique, le *sniffing*. Le principe est simple : à la sortie du long tube capillaire du chromatographe, on place un Y permettant d'envoyer ce qui sort à la fois vers un détecteur classique et vers le nez humain d'un chercheur bien entraîné. Parfois, l'observateur humain détecte des composés à la sortie du tube, alors que le détecteur électronique n'émet aucun signal, mais le contraire advient également.

Les nez électroniques

Dans le domaine de l'agroalimentaire, les nez électroniques pourraient permettre de suivre, de façon régulière et mécanique, l'évolution dans le temps d'un certain nombre de molécules, voire d'apporter au maître de chai une preuve scientifique de l'état des fermentations, de la présence du soufre ou d'autres composés dans le vin. À l'heure actuelle, ces systèmes,

fragiles et aux mesures peu reproductibles, ne sont guère utilisables dans l'industrie, mais bénéficient de progrès constants.

Le fin du fin : le rapport isotopique

Le deutérium est un isotope de l'hydrogène. La seule différence entre l'hydrogène et le deutérium est que le premier, possédant un neutron excédentaire, est plus lourd. En revanche, leur réactivité chimique est la même. Dans la nature, il existe un certain nombre d'atomes de deutérium coexistant avec les atomes d'hydrogène et entrant comme eux dans la composition de molécules complexes. On appelle rapport isotopique le pourcentage d'atomes de deutérium dans une population d'atomes d'hydrogène. Ce rapport varie suivant de très nombreux facteurs, mais il est assez stable pour un produit donné dans un environnement donné. C'est ainsi que le rapport isotopique du linalol de synthèse n'est pas le même que celui du linalol d'origine naturelle. Une société de Nantes a couplé ce type d'analyse à la mesure de la résonance magnétique nucléaire (SNIF-NMR, en anglais *Site Specific Natural Isotope Fractionation measured by NMR*) afin d'authentifier le terroir d'origine de tel ou tel produit agroalimentaire et notamment du vin. Une véritable carte d'identité des vins est en passe d'être établie, ce qui permettrait de certifier au consommateur l'origine exacte des raisins dont sont issus les vins.

Découvrir...
La dégustation

L'analyse sensorielle reste un outil d'investigation incomparable. À son efficacité s'ajoute un plaisir sans cesse renouvelé. L'œnophile pratique une dégustation hédonique, mais bien préparée, qui lui permet de développer l'acuité de ses sens pour extraire la quintessence du vin.

Préservez votre environnement

Transformez-vous en Maigret ou en Sherlock Holmes : rien ne doit vous échapper. L'organisation d'une dégustation exige le souci du détail. Aérez la pièce de façon à éliminer les odeurs parasites : fumées de tabac, odeurs de cuisine. Évitez le contact avec des parfums trop puissants : certains sont capables d'anesthésier votre nez jusqu'au lendemain.

Ne diminuez pas les capacités de votre nez en le mettant en présence de fumées, d'effluves et d'émanations corrosifs. S'il est difficile d'échapper à la pollution urbaine, ne manquez pas une occasion de vous aérer en forêt.

Veillez à la température de service des vins. En augmentant, elle accroît la volatilité des molécules odorantes. Dans le verre, le vin se réchauffe progressivement à la température de la pièce ; durant cette transition, l'évolution des arômes est riche d'enseignements. Au-dessus de 18 °C, l'alcool devient plus manifeste et rend le vin moins agréable, mais la perception des arômes y gagne. Conservez une petite quantité de vin dans votre verre jusqu'à ce qu'il soit chambré, et reprenez votre étude olfactive. De même, gardez le vin en bouche pour le porter à la température de la cavité buccale ; c'est alors qu'il sera le plus disert.

En trois « coups de nez »...

Un grand vin présente de multiples facettes et il serait vain de croire qu'elles seront toutes perçues d'un seul coup de nez. Au premier nez, alors que le verre est empli au tiers de sa capacité et qu'il est tenu immobile, le vin libère les arômes les plus volatils. Prêtez attention à la distance à laquelle vous percevez les premiers arômes en approchant peu à peu le verre de votre nez, sans le remuer.

Au second nez, après agitation du liquide dans le verre, des notes plus complexes apparaissent, dont l'expression est favorisée par l'aération du vin, c'est-à-dire par l'action de l'oxygène. La palette d'un vin de qualité doit se développer tout en demeurant élégante, même lorsque vous remuez assez vivement le verre. Certains défauts peuvent devenir manifestes à l'agitation, telle l'acidité volatile qui se traduit par une odeur de vinaigre.

Une troisième analyse, après une nouvelle agitation, permet de percevoir les arômes les moins volatils. Une autre source d'indices se trouve au fond du verre, là où quelques gouttes de vin sont restées et ont évolué. Certaines notes très attrayantes peuvent se révéler, qui étaient masquées auparavant par des effluves plus volatils.

Il faut là aussi apprendre à les identifier. Ne négligez aucune piste. Recueillez le plus de renseignements aromatiques possibles sur le vin dégusté (influence des cépages, du mode de vinification, de la nature du sol, *etc*.). Les odeurs provenant du bouchon doivent également être prises en compte : il s'agit non seulement de l'odeur du liège, mais aussi de tous les arômes que le vin a laissé évoluer à cet endroit précis.

Décrire le nez du vin

Établissez votre fiche de dégustation olfactive. Vous analyserez vos perceptions en notant bien sûr la famille aromatique et l'arôme précis lorsqu'il se distingue nettement, mais aussi l'harmonie du nez, sa franchise, son intensité, ses éventuels défauts.

• **Les familles aromatiques** : floral, fruité, végétal, épicé, balsamique, animal, empyreumatique, minéral, iodé, pâtisserie, lacté. (*Cf.* p. 34).

• **L'harmonie** : désagréable, grossier, commun, simple, agréable, fin, subtil, élégant, raffiné, racé, complexe.

• **La franchise** : douteux, défectueux, malade, altéré, défait, net, franc, loyal, sain, sincère, propre, pur.

• **L'intensité** : faible, fade, pauvre, fermé, muet, discret, distant, étouffé, aromatique, ouvert, expressif, bouqueté, fort, intense, développé, évolué, lourd.

• **Les défauts d'oxydation** : fatigué, battu, aplati, mâché, éventé, oxydé, cuit, brûlé, rance, madérisé.

• **Les défauts de réduction** : réduit, renfermé, odeur de lies, de bock, de mercaptan, alliacé, fétide, croupi, putride, décomposé, sulfuré, œuf couvé ou pourri, eau de Barèges.

Et en bouche

Lors de la mise en bouche du vin, une légère aspiration d'air vous permettra de mieux percevoir, par rétro-olfaction, les flaveurs qui émanent à une température désormais plus élevée que dans le verre. Analysez comment ces arômes se marient à la matière du vin, à sa structure tannique, à sa vivacité. Sont-ils différents de ceux perçus au nez, ou suivent-ils le même registre ? Après avoir avalé ou recraché le vin, vous poursuivrez l'analyse en prêtant attention à la durée des perceptions aromatiques en rétro-olfaction et à leur dominante (citron, fruits exotiques, figue, *etc.*). Cette persistance aromatique est appelée longueur en bouche ; elle se mesure dans le temps en caudalies (de *caudal*, queue), c'est-à-dire en secondes. Un vin dont la finale aromatique perdure longtemps fait la queue de paon.

L'arbre qui cache la forêt

Il est des arômes plus aisés à distinguer que d'autres : la vanille, le caramel, le poivre. Le débutant, heureux de les retrouver, se sent réconforté : le vin lui livre enfin ses secrets. Pourtant, il ne doit pas s'arrêter là ; ce serait perdre l'occasion de découvrir les notes subtiles qui sont l'apanage des vins fins. Un entraînement suivi est nécessaire, source de plaisirs innombrables. Imaginez que vous écoutez une symphonie et que vous essayez de distinguer la ligne mélodique du second violon entre celle du soliste et l'ensemble des instruments de l'orchestre. Pendant vos exercices, contentez-vous de courtes aspirations naturelles, sans exagération. Refusez les dégustations marathons qui fatiguent vos sens. Un amoureux des grands crus doit connaître ses limites.

Comprendre...
Les précurseurs d'arômes

Que se passe-t-il dans la baie de raisin pour qu'une petite boule verte, acide et presque inodore se transforme en un univers de saveurs et d'arômes enfermé dans un flacon ? Tout commence dans la vigne, au cours du cycle végétatif, lorsque le grain de raisin se forme, grossit, s'enrichit de substances aromatiques à la lumière du soleil, mûrit.

La maturation

Entre la baie de raisin verte et le fruit mûr, il se produit une transformation radicale appelée maturation. Tout commence par la formation de la fleur qui naît dans le bourgeon dès l'année précédente. Après le débourrement, celle-ci est bientôt capable d'émettre des parfums dont le rôle est d'attirer les insectes qui assureront la fécondation des gamètes femelles en apportant le pollen d'autres plantes. Le fruit n'apparaît qu'ensuite, sa fonction principale étant de protéger les graines jusqu'à la fin de leur développement.

Le moment décisif se nomme véraison : il correspond au changement de couleur des baies de raisin dès la mi-août. À la véraison, la chlorophylle disparaît progressivement et des molécules au pouvoir colorant se manifestent. Dans le cas des cépages rouges, ce sont les anthocyanes. Simultanément, les acides végétaux diminuent au profit des sucres qui s'accumulent. Enfin, certaines molécules se transforment en arômes.

La plupart de ces molécules odorantes sont des esters d'alcool éthylique ou benzénique, ou de terpénols. La plante les emmagasine sous une forme telle qu'elles soient inertes et puissent se solubiliser dans le jus sucré de la baie mûre. Le processus de stockage consiste en l'accrochage (le biochimiste parle de condensation) de ces petites molécules à des molécules plus grosses, de la famille des glucides, c'est-à-dire des sucres. Naissent ainsi des formes liées, glycosylées, solubles dans le milieu cellulaire. À partir de ces formes glycosylées qui n'émettent pas d'odeur, car non volatiles, diverses transformations vont permettre le dégagement des arômes sous forme libre. Ces molécules inodores, mais susceptibles de générer des molécules aromatiques, sont appelées précurseurs d'arômes. L'ensemble de ces changements structuraux du fruit dépendent de facteurs environnementaux : ils sont notamment favorisés par un bon ensoleillement, par une quantité raisonnable de fruits par pied de vigne, par une température nocturne pas trop fraîche.

La libération des arômes

Le jus des grains de raisin n'offre pas la palette olfactive du futur vin. Il existe bien des cépages parfumés, tels le muscat et l'aleatico, mais ce sont des exceptions, et l'amateur risque d'être déçu en goûtant une baie de pinot noir s'il espère y retrouver le bouquet d'un vosne-romanée. La transformation des précurseurs d'arômes en arômes libres est essentiellement le fait de l'action d'une famille d'enzymes, les glucosidases, qui vont séparer les molécules volatiles et olfactivement actives de la partie lourde, inodore, appelée cupule glycosidique. D'où viennent ces enzymes ? Il en existe dans les cellules du raisin elles-mêmes, mais dans un compartiment cellulaire différent de celui où se trouvent les précurseurs d'arômes. Lors du pressurage, la

séparation entre les compartiments est détruite ; les glucosidases du raisin pourraient donc jouer un rôle dans la libération des arômes, mais il semble que l'action de ces enzymes endogènes soit inhibée par la forte teneur en sucres des moûts. En revanche, les micro-organismes responsables de la vinification possèdent bien des glucosidases qui leur permettent de digérer les sucres et de les transformer en alcool. C'est lors de cette digestion que se produit la libération des arômes primaires du vin.

Le rôle des levures

La libération des arômes et leur concentration, ainsi que celles d'autres molécules intervenant à tous les niveaux dans la qualité du vin dépendent des variétés de micro-organismes qui se développent dans le moût en fermentation. Ces organismes appartiennent à la famille des levures, parmi lesquelles dominent les saccharomyces. Leur action principale est la transformation des sucres en alcool, mais elles modulent également l'équilibre entre des composés aussi différents que les succinates, le glycérol, *etc*. Les levures existent naturellement dans la pruine des baies de raisin, et ce sont elles qui déclenchent la fermentation. On a dénombré une vingtaine d'espèces de cette famille de champignons unicellulaires. Certaines sont plus désirables que d'autres, en termes d'efficacité quantitative ou qualitative. Les chercheurs se sont donc livrés à

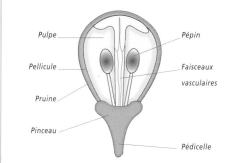

Pulpe — Pépin

Pellicule — Faisceaux vasculaires

Pruine — Pinceau

Pédicelle

des travaux de sélection et ont réalisé des ensemencements sélectifs à partir de cultures de souches, choisies en raison de leur plus grande facilité d'utilisation, des arômes plus fins qu'elles sont capables de libérer, *etc*. Ce domaine d'application des biotechnologies est en pleine expansion, mais il ne faut jamais oublier que les levures indigènes font partie de ce que l'on nomme « le terroir ».

Les arômes de l'avenir

On peut d'ores et déjà sélectionner des souches de levures en fonction des arômes plus fins ou plus rares qu'elles transmettent au vin, à par-

Cent jours après la floraison (en haut), la vigne s'est chargée de raisins mûrs dont chaque partie (coupe ci-dessus) influe sur le potentiel aromatique.

Suivez l'évolution des arômes

Vous pouvez suivre facilement l'évolution des précurseurs d'arômes dans certains fruits. Achetez six bananes encore vertes. Emballez-les séparément dans du papier journal et placez-les dans un endroit tiède. Dégustez une banane tous les deux jours. La banane verte est acide, astringente et dépourvue d'attrait aromatique. Au fil du temps, observez l'amollissement de la texture, la disparition de la teinte verte, l'augmentation de la saveur sucrée et la naissance d'un arôme de plus en plus puissant de banane mûre.

tir des précurseurs contenus dans le moût. Cependant, après analyse des bourbes ou des lies, on constate qu'une quantité non négligeable de ces précurseurs d'arômes n'a pas été transformée. En d'autres termes, tout le potentiel aromatique du fruit n'est pas utilisé. Une manière d'aborder le problème est de s'intéresser à ce qui permet ces transformations au sein des levures : les enzymes elles-mêmes. Dans un avenir proche, on recourra sans doute à ces enzymes, fixées à des supports neutres, pour tirer du raisin l'essence aromatique. On pourra aussi les greffer sur des micro-organismes aisés à cultiver et utiliser ceux-ci. Ces procédés permettront d'améliorer les qualités aromatiques du vin ou d'utiliser le raisin comme source de matières parfumantes destinées à d'autres industries.

Comprendre...
Les arômes primaires

À sa naissance, le vin dévoile les arômes originels du fruit dont il est issu : le raisin. En fonction des cépages, les caractères diffèrent et donnent au dégustateur de précieux repères pour l'identification du cru qu'il analyse.

Les arômes du cépage

On appelle « arômes primaires » ou « arômes variétaux » les arômes du vin dont l'origine réside dans la matière végétale elle-même. Ils peuvent naître de tous les éléments de la grappe de raisin. La rafle et les pépins possèdent un potentiel aromatique particulier, agréable ou désagréable selon la manière dont le vigneron le laissera s'exprimer. De tels arômes appartiennent à la famille herbacée, ou verte. Les notes de végétal frais, en général peu flatteuses pour le vin, en font partie. Il existe dans la baie de raisin des précurseurs d'arômes inodores qui sont à même de libérer des molécules volatiles et odorantes, soit par simple action mécanique, comme le pressurage, soit par une action chimique ou biochimique interne. Certains arômes sont caractéristiques des cépages. Cependant, si les arômes naissent du raisin, il ne faut pas oublier que la vigne se nourrit dans un terroir spécifique et que ce terroir influence les arômes primaires. L'arôme de violette n'est pas caractéristique d'un seul cépage : il se manifeste aussi bien dans un vin de syrah en terre de Gigondas que dans un vin de négrette élevé dans la région de Toulouse (*cf.* p. 26).

L'expression des moûts

Pour mémoriser ces arômes caractéristiques de la prime jeunesse des vins, il suffit de déguster des jus de raisins à peine pressés ou des moûts en fermentation. Bien sûr, il ne s'agit pas encore de vin et l'expérience ne ressemble en rien à une dégustation de crus nobles. Elle n'en est pas moins riche d'enseignements. Il n'est que de discuter avec les producteurs tentant de déceler dans un jus un peu trouble le profil d'un millésime incomparable et imaginant les techniques qui permettront au vin de sortir de sa chrysalide. N'oubliez pas que, dans le moût de raisin, vous percevez déjà des arômes secondaires (*cf.* p. 22) puisque ceux-ci apparaissent dès que les levures se mettent à l'ouvrage.

Lorsque vous dégustez des vins jeunes et tentez de faire la part des arômes primaires et secondaires, n'oubliez pas que les autres composants du vin contribuent à amplifier ou à diminuer la force de ces expressions. Les sucres rendront plus puissant l'impact des arômes de fruits rouges, alors que l'acidité augmentera la perception des parfums de la famille des agrumes. Les tanins auront plutôt des effets contraires.

Les variétés aromatiques

La fraîcheur des vins blancs et les parfums floraux font bon ménage, évoquant ensemble le printemps de la vie. Les arômes les plus caractéristiques, reconnaissables même par un dégustateur débutant, sont ceux de rose rencontrés dans les vins de muscat blanc à petits grains, de muscat ottonel, de muscat d'Alexandrie et dans les vins de gewurztraminer jeunes. Cru du Sud-Ouest, le gaillac blanc dévoile un arôme de pomme bien typé grâce au cépage mauzac, lequel manifeste sa présence par une même nuance dans la blanquette-

de-limoux produite en Languedoc. Dans la gamme fruitée, les fragrances d'agrumes apparaissent fréquemment dans les vins blancs issus de melon (les muscadets du pays nantais), de sauvignon et du riesling alsacien ou allemand. Célèbre pour ses notes végétales subtiles, le sauvignon offre l'odeur du buis avec des nuances distinctes, portées tantôt sur le côté animal du pipi de chat, tantôt sur le fruité du bourgeon de cassis. Ce dernier

arôme s'observe notamment dans les pouilly-fumé très jeunes produits dans la Loire. Il a cependant tendance à disparaître rapidement. À la dégustation des vins rouges, les notes les plus aisées à identifier sont celles de fruits rouges : fraise pour le cépage négrette, framboise et cerise pour le pinot noir, groseille pour le cinsault. Les vins élaborés à partir du grenache, dans la vallée du Rhône, dans le Roussillon et en Espagne,

où ce cépage est roi, dévoilent un nez typé, aux évocations épicées, chaleureuses. Le cabernet franc et le cabernet-sauvignon ajoutent aux notes de fruits rouges leur signature végétale : poivron pour l'un, fougère pour l'autre. Il faut aussi savoir que la puissance aromatique du raisin est inversement proportionnelle au rendement : le cinsault est particulièrement sensible à la surproduction et perd alors toutes ses qualités.

Comprendre...
Les arômes secondaires

Si les cépages jouent un rôle essentiel dans la palette aromatique d'un vin, les modes de vinification interviennent également dans cette création. Les multiples levures présentes naturellement dans le raisin et dans la cave œuvrent à différents stades de la fermentation pour apporter plus de complexité au vin fini.

Les arômes de la fermentation

Les arômes secondaires portent aussi le nom d'arômes fermentaires, car ils sont produits par le travail des levures sur les moûts, lors de certaines macérations et lors des fermentations alcoolique et malolactique. Le vinificateur peut choisir les souches de levures qui lui semblent intéressantes pour enrichir le potentiel aromatique de son vin (*cf.* p. 18). Les arômes fermentaires évoquent les petits fruits rouges (framboise, cassis, groseille, cerise) dans la plupart des vins rouges encore jeunes, voire primeurs. Dans les vins blancs du même âge, une note fréquente et facile à reconnaître est celle de la pomme golden. Le dégustateur la rencontre au début de la vie de vins aussi divers que les muscadets, les vins de Savoie blancs et les vins de chardonnay.

La fermentation alcoolique

Les arômes issus de la première fermentation revêtent beaucoup d'importance dans les vins blancs. Il s'agit essentiellement d'esters résultant de la réaction de l'alcool éthylique produit par la digestion des sucres et des acides préexistant dans le fruit. C'est également lors de la fermentation alcoolique que se développent les odeurs de levure, souvent décelées au fond du verre. Elles enrichissent le vin si le vinificateur sait les préserver pendant l'élevage. En revanche, lorsque leur perception est renforcée par l'acidité, elles évoquent le levain et constituent un défaut. Reste que les vins élevés sur lie et les effervescents, dont la prise de mousse a été lente, révèlent parfois un arôme de mie de pain agréable.

La fermentation alcoolique : les levures décomposent le sucre du raisin en alcool et en gaz carbonique, créant ainsi un bouillonnement. Dans le même temps, des composés aromatiques se développent, tels les esters.

La macération carbonique

Le vinificateur a souvent recours à la macération carbonique pour élaborer des vins de gamay noir et de carignan. Aussi, lorsque des fragrances caractéristiques se manifestent, n'y a-t-il pratiquement pas de doute. L'une d'entre elles est la banane. La molécule responsable de cette sensation olfactive, l'ester acétate d'isoamyl, se perçoit de façon agréable à haute dilution. Elle évoque aussi le bonbon acidulé, autrement dénommé bonbon anglais. Effectivement, l'acétate d'isoamyl fait partie des arômes utilisés par l'industrie de la confiserie. Toutefois, si la teneur en cet ester est trop importante, vous froncerez sans doute le nez en vous rappelant les effluves du dissolvant à vernis à ongles ou de l'acétone. Suivant les cépages, ce type d'expression se renforce d'autres notes délicieuses, et la framboise vient agrémenter bien des beaujolais nouveaux ou primeurs qui doivent être consommés dans les trois mois qui suivent leur mise en marché.

La fermentation malolactique

Le mélange de molécules odorantes est déjà fort complexe dans le raisin, mais lors des fermentations successives, cette combinaison devient plus élaborée encore. Des molécules nouvelles apparaissent : ce sont bien souvent des esters, dont les flaveurs s'éloignent de celles couramment attribuées au monde végétal.

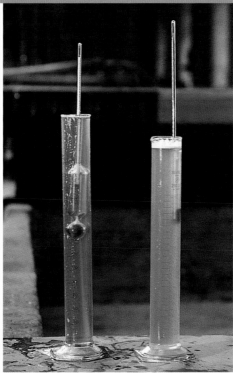

Le mustimètre permet de mesurer la densité du moût, soit sa teneur en sucres.

Pendant la fermentation malolactique, l'acide lactique, qui provient de la transformation de l'acide malique du raisin, donne naissance à une large série d'arômes rappelant les produits laitiers. Il s'agit de dérivés du lactate d'éthyle, dont les arômes réveillent chez le dégustateur le souvenir de la crème fraîche, du beurre frais (avec une pointe de noisette fraîche), ainsi que de la fraise sure, de l'ananas un peu acide et même du lait tourné, si les bactéries lactiques interviennent à un degré excessif.

Les arômes élaborés au cours de la fermentation malolactique sont extrêmement importants pour le devenir des grands vins de garde,

Reconnaître...

LES FRUITÉS
- *Framboise (56)*
- *Fraise (58)*
- *Pomme (68)*
- *Banane (86)*
- *Ananas (88)*

LES PÂTISSERIES
- *Pain frais et brioche (148)*

LES LACTÉS
- *Beurre frais (150)*

La chimie des arômes fermentaires

Parmi les molécules composant les arômes fermentaires figurent les alcools supérieurs iso-butanol, iso-propanol, alcool amylique, alcool iso-amylique, hexanol et phényl 2 éthanol. Ce dernier dégage un parfum remarquablement floral, évoquant la jacinthe, la rose, le lilas... L'alcool le plus important élaboré par les levures est bien sûr l'éthanol, ou alcool éthylique. Ces alcools se combinent avec des acides faibles, notamment durant la fermentation malolactique, pour donner des esters, parmi lesquels l'acétate d'éthyle et l'acétate de phényléthanol (aux effluves fruités), le butanoate d'éthyle, l'hexanoate d'éthyle et l'octanoate d'éthyle, aux arômes vineux, le lactate d'éthyle à odeur laiteuse.

car ce sont eux qui seront transformés, suivant une lente alchimie, en composants aromatiques du bouquet. Certaines de ces odeurs, peu envoûtantes au premier abord, sont parfois appelées à une merveilleuse évolution. La fermentation malolactique n'est généralement pas recherchée dans les vins blancs, dont l'acidité s'accommode plutôt bien d'arômes plus frais et moins complexes, tels ceux provenant du cépage. Cependant, elle est nécessaire dans le cas des vins fins élevés en fût et destinés au vieillissement.

23

Comprendre...
Les arômes tertiaires

Il n'est pas toujours facile de traduire en un seul mot l'attrait des arômes que le temps a affinés. Car c'est bien un bouquet de fragrances qui s'offre au nez du dégustateur dans les meilleurs millésimes, allant d'une note de vanille ou de truffe à une nuance de mangue, d'un parfum de pêche de vigne à une senteur de boîte à cigares.

Dégustation du penedès de la Bodega Torres. Lorsqu'il est issu de l'assemblage traditionnel de tempranillo, de cariñena, de grenache et de mourvèdre, ce vin catalan exprime des arômes de fruits des bois, d'herbes aromatiques et d'épices, avant d'évoluer vers des notes animales de cuir. Vinifié à partir des cépages internationaux cabernet-sauvignon, merlot et pinot noir, puis élevé en barriques de chêne français et américain, il se prête à une garde de dix à vingt ans qui lui permet de développer des nuances d'humus, de vanille, de chocolat et de café en accompagnement du fruité et du floral.

Les arômes de l'élevage

Les arômes tertiaires correspondent à l'évolution des composants aromatiques au cours de l'élevage du vin en fût, puis en bouteille. Ils forment un faisceau de parfums que les dégustateurs appellent « bouquet ». La fraîcheur perceptible à la dégustation d'un vin jeune disparaît avec le temps pour laisser place à des sensations olfactives plus complexes dues à la présence de molécules nouvelles. Les chimistes signalent, par exemple, l'apparition des lactones – aux arômes de pêche – ou encore des ionones – au parfum de violette. La perception simultanée de deux ou plusieurs molécules peut créer l'impression d'une troisième odeur : un arôme de violette et un arôme de cassis peuvent se fondre en un accord de framboise. À son tour, cet accord peut être nuancé par des notes végétales ou bien sucrées, de telle sorte que la framboise semble encore immature ou, au contraire, confite.

L'œuvre de l'oxygène

Le principal agent de ces modifications est l'oxygène de l'air. Fût ou cuve Inox, le contenant joue un grand rôle dans l'élevage du vin, selon la matière dont il est constitué, sa perméabilité et sa réactivité à l'air et aux composants volatils, la température de son environnement. Café, chocolat, fumée, goudron, noisette, grillé, toast signent souvent un passage sous bois. Un processus d'oxydation, lent et maîtrisé,

Lors du vieillissement en bouteille, le vin perd ses nuances fruitées fraîches pour gagner en complexité à la faveur d'un phénomène d'oxydoréduction : l'oxygène qui s'infiltre lentement par le bouchon de liège assure l'évolution de certains composants aromatiques dans le milieu réducteur du flacon de verre.

contribue de façon décisive à la maturation des grands vins. Les vins élevés en barrique subissent une exposition ménagée à l'oxygène qui pénètre par les pores du bois. En revanche, les vins jaunes du Jura, certains vins doux naturels et des vins mutés sont délibérément soumis à un élevage oxydatif qui a pour but d'enrichir leur palette aromatique. La note de noix en est caractéristique. Dans tous les cas, le maître de chai ne peut élever un vin sous bois que s'il possède la structure suffisante pour le supporter.

Dans le secret de la bouteille

Fermée par un bouchon de liège, la bouteille offre au vin un milieu pauvre en oxygène, que les dégustateurs qualifient de « réducteur ».

Dans cet environnement, le vin développe des senteurs caractéristiques. Musc, civette, gibier, cuir apparaissent dans des vins rouges d'âge vénérable ; ils dérivent de composés phénolés (vinyl-phénol, para-crésol, iso-valérate de para-crésol) en rapport avec les polyphénols, ou tanins, du vin. La truffe est la marque d'excellents vins rouges ou blancs vieux provenant de Bourgogne ou de la vallée du Rhône. Une aération du vin avant le service permet aux meilleurs de ces arômes de s'exprimer.

La décantation, une activation aromatique

Passer le vin d'une bouteille à une carafe, en lui faisant subir une oxygénation intense, n'est pas une opération neutre pour sa palette aromatique. Les conséquences diffèrent selon qu'il s'agit d'un vin jeune ou d'un vin vieux. Dans le premier cas, cet apport d'oxygène renverse la tendance à la réduction d'un vin qui pourrait présenter des odeurs de réduit, de renfermé, des arômes animaux trop puissants. Les défauts légers, tel le goût de bouchon, peuvent être atténués ; les excès de SO_2 dans un vin liquoreux sont minimisés, un boisé trop accentué peut gagner en fondu. En revanche, un vin marqué par des notes oxydatives ne gagne pas à cette opération. Ces caractères défectueux étant limités, l'intensité du fruité est renforcée par effet de contraste : les arômes de fruits prennent alors des nuances plus mûres, en perdant leur côté primaire. En général positive, la décantation s'adresse surtout aux vins rouges tanniques – plutôt aux bordeaux qu'aux bourgognes –, mais elle améliore aussi les vins blancs boisés et les liquoreux. Dans le cas des vins âgés, la décantation est beaucoup plus discutable : elle risque d'être fatale à un fragile équilibre et ne doit s'envisager que si l'on connaît bien le vin.

Reconnaître...

LES FLORAUX
• Jasmin (42)

LES FRUITÉS
• Fruits à noyau (64)
• Figue (74)
• Datte (76)
• Pruneau (78)
• Noisette et amande (80)
• Noix (82)

LES VÉGÉTAUX
• Tabac (98)
• Thé (100)
• Bois (102)
• Sous-bois (104)
• Fougère (106)
• Champignons (108)

LES BALSAMIQUES
• Santal (112)
• Résine de pin et cire d'abeille (114)

LES ÉPICÉS
• Réglisse (116)
• Vanille (118)
• Cannelle (120)
• Poivre et noix muscade (122)

LES ANIMAUX
• Cuir (124)
• Gibier (128)
• Civette (130)

LES EMPYREUMATIQUES
• Chocolat (132)
• Café (134)
• Pain grillé (136)
• Caramel (138)
• Fumée et goudron (140)

LES PÂTISSERIES
• Miel (146)
• Cake (148)

Comprendre...
L'influence du terroir

L e mot « terroir » désigne l'ensemble des facteurs caractéristiques d'un vignoble, soit le sol et le sous-sol, le relief, le régime hydrique, l'exposition et le microclimat. Toutefois, le facteur humain, c'est-à-dire l'ensemble des techniques et des habitudes culturelles locales, doit également être pris en compte.

Le goût du sol

Lorsqu'un dégustateur écrit sur sa fiche de commentaires qu'un vin « terroite », le sens de son expression peut être double : soit le vin respecte parfaitement le type attendu du terroir ; soit il manque de finesse, tant dans son expression aromatique que dans sa structure, comme s'il restait trop proche de la terre où il est né, trop rustique.

On peut tenter (mais l'exercice est difficile) de déterminer quelle est la part de l'influence du terroir sur le nez d'un vin en comparant deux vins du même âge, issus de cépages et de vinification identiques, mais de provenances distinctes.

La granulométrie du sol (mesure de la taille des éléments du sol) influe sur la texture du vin, laquelle joue à son tour sur la flaveur. On définit la granulométrie par rapport au diamètre des particules du sol : inférieur à 50 microns, de 50 à 200 microns... Et l'on trouve ainsi la succession : argile, limon, sable, gravier, etc.

Sol de graves du Bordelais.

Un sol limoneux ou sableux favorise, par exemple, une trame souple dans le vin, une grande douceur aromatique, alors qu'un sol argilo-calcaire met l'accent sur les notes fruitées. L'argile confère une impression de type ferrugineux, métallique, et peut favoriser l'expression des arômes animaux. Toutefois, plus que la nature du sol,

le facteur clé est la régulation hydrique qui influence la maturation des raisins et donc un développement aromatique harmonieux. Sur un sol bien régulé, le fruité est plus mûr, avec une expression minérale plus affirmée, un caractère fumé dans les graves, épicé dans les argilo-calcaires. Que vienne un stress hydrique et le blocage de la maturation du raisin entraîne des arômes de fruits plus verts, des tanins plus anguleux. En revanche, un excès d'eau dilue le vin, dans ses arômes comme dans sa structure.

Des cas d'école

• En **Bourgogne**, l'étude du sous-sol a révélé un entrelacs inextricable de veines géologiques. Passant les unes au-dessus des autres, puis s'inversant, la roche tendre, l'argile, la roche dure émergent ici pour s'enfouir là. Le vin sert de guide : de parcelles en parcelles, il traduit les profondeurs de cette région unique.

• Dans le **Bordelais**, les vins rouges expriment certes les notes aromatiques caractéristiques du merlot et du cabernet-sauvignon (cerise de l'un, cassis et pointe de poivron vert de l'autre), mais ils dévoilent en outre une discrète nuance de fumée. Cet arôme caractérise les vins de graves en général et particulièrement les pessac-léognan. En AOC pomerol, les vins développent un nez plus complexe lorsque la vigne a poussé sur des sols denses : depuis l'intensité extrême d'un Petrus récolté sur argile, jusqu'à la finesse et la légèreté des vins provenant des zones sableuses du sud et du nord de l'appellation, en parcourant tout le dégradé des graves. À Saint-Émilion, la même gradation existe entre les vins issus de la côte calcaire et ceux de la frange graveleuse.

• Dans le **Sud-Ouest**, les côtes-du-frontonnais offrent deux profils déterminés par la géologie des lieux. Sur les sols riches en fer, le cépage caractéristique du Frontonnais, la négrette, produit des vins structurés, aptes à la garde. Sur les sols sableux, le cabernet et la syrah sont à l'origine de vins fruités et souples, à boire jeunes. Ainsi, du côté de Campsas, les vins sont fruités-floraux, alors que les Villaudric et les Vaquier s'orientent vers les épices. Dans les deux cas, on retrouve en bouche la violette associée à un soupçon de réglisse.

• Les **coteaux du Languedoc** se déploient jusqu'à Nîmes, et l'on y trouve essentiellement deux types de sols : les schistes primaires, qui donnent des vins corsés, généreux et de bonne garde, et des sols de cailloutis calcaire, produisant des vins plus fruités dans leur jeunesse. À proximité de Narbonne, les vins s'enrichissent de notes d'épices et de sous-bois, particulièrement sur les terrasses de Quatourze. Les coteaux-du-languedoc-La Clape, abrités par un vaisseau de pierre calcaire habillée d'argile rouge, ont hérité les senteurs phocéennes de la garrigue et des pinèdes. Ces parfums se retrouvent dans les vins des hautes Corbières, dont la Clape constitue un avant-poste.

• En **Californie**, sur des sols volcaniques, le terroir est intimement associé au climat, plus froid lorsque l'on s'approche de l'océan Pacifique par la Russian River ou de la baie de San Francisco à Carneros. Ces zones sont favorables à l'expression du chardonnay et du pinot noir. Dès que l'on s'en éloigne, la chaleur s'élève rapidement : les cabernets

Goûtez la terre

La légende raconte qu'au Moyen Âge les moines de Cîteaux goûtaient la terre de leur vignoble bourguignon. À leur image, rassemblez une collection de roches dont la texture et l'odeur se distinguent. Vous prélèverez lors de vos promenades en forêt du sable, de l'argile, du calcaire, des marnes, ainsi que de l'humus. Conservez-les au sec dans des bocaux hermétiques. Avant de vous livrer à un exercice d'identification, vaporisez d'eau légèrement les échantillons pour en amplifier les senteurs. Humez.

règnent alors en maîtres. Selon les travaux de l'université de Davis, le climat est davantage à prendre en compte que le sol. Depuis peu, on assiste cependant à des délimitations spécifiques réalisées en fonction du sol, de l'altitude, de l'exposition, à la faveur de la colonisation des coteaux qui encadrent les vallées. Le secteur de Stag Leap's a été le premier à s'affranchir des idées reçues selon lesquelles seul le cépage comptait, et à rejoindre la conception européenne du terroir.

• La **Suisse** offre le meilleur exemple de l'influence du sol. Le cépage chasselas, plutôt neutre, est une véritable « éponge » à terroir. Sans le masque des senteurs variétales, les vins expriment les différents sols par des notes minérales, de brûlon, *etc.*, comme à Dézaley dans le canton de Vaud.

Comprendre...
L'influence du climat

Le climat idéal pour la culture de la vigne n'est qu'une utopie. Les vignerons s'intéressent donc aux particularités de chaque aire où ils font prospérer tel ou tel cépage, ainsi qu'aux données climatiques qui influent sur les qualités aromatiques de leurs crus. Certains raisins s'accommodent même fort bien des brumes et du gel.

Le microclimat

Parce que le vigneron n'a pas les moyens de modifier les caractéristiques du climat, il doit procéder à un choix de cépages adaptés et exploiter au mieux la topographie du site : la quantité moyenne d'ensoleillement que reçoit une parcelle dépend en effet de son exposition. La lumière, la chaleur et les précipitations sont les trois facteurs climatiques déterminants. Moyennes annuelles et valeurs extrêmes jouent sur la teneur en sucre des raisins et, par conséquent, sur le titre alcoométrique et la palette aromatique.

Ces éléments revêtent une telle importance que les Bourguignons parlent de *climat* pour désigner un lieu-dit viticole. Si chaque région viticole est soumise à un climat général, elle admet des nuances locales, à la faveur d'un coteau qui protège la végétation des vents froids, d'une position sur la pente, d'une rivière qui apporte l'humidité nécessaire : ce sont les microclimats.

Le sucre du soleil

La lumière est nécessaire à la photosynthèse, qui permet l'élaboration des sucres. La teneur en sucre du raisin influe de façon décisive sur la saveur et le degré alcoolique du vin qui en sera issu.

• La saveur sucrée renforce la perception des composants aromatiques. Cela est particulièrement vrai pour les arômes de fruits blancs et de fruits exotiques. Les arômes de fruits rouges s'accommodent bien d'un peu d'acidité. Mais si cette fraîcheur sied souvent aux parfums floraux, elle ne manque pas de souligner le caractère désagréable de certaines notes végétales ou de renforcer la sensation tannique.

• Le degré alcoolique du vin varie selon sa teneur en sucre. L'alcool agit comme un catalyseur d'arômes : il augmente la volatilité des molécules aromatiques. L'accumulation des sucres dans la baie dépend aussi de la chaleur, laquelle accroît l'évapotranspiration. Des températures trop élevées peuvent nuire au développement de la vigne et bloquer la maturation du raisin, tandis qu'un climat tempéré permet une bonne concentration de la matière et l'épanouissement aromatique. La taille de la vigne et un rendement maîtrisé par le vigneron agissent également sur la concentration des arômes. Généralement, la chaleur et l'ensoleillement des climats méditerranéens sont à l'origine de vins rouges puissants, aux arômes exubérants. L'équilibre des vins blancs élaborés dans ces régions est plus délicat à obtenir.

Du nord au sud, des blancs aux rouges

Les vins rouges chaleureux seraient-ils plus expressifs, jeunes ? Dégustez un bandol rouge de Provence et un blagny de la Côte de Beaune. Le premier s'exprime facilement : déjà, dans sa jeunesse, il fait parler le poivre, le cuir et les senteurs de garrigue. Le second se montre plus réservé : ses arômes ne se déploient pleinement qu'après une garde de quatre ans.

Dès lors, il donnera sa pleine mesure, révélant le sous-bois ou encore le gibier. En revanche, aux vins blancs du Sud manque souvent l'expression aromatique élégante et puissante qui signe les chardonnay et chenin septentrionaux. Sous le climat méditerranéen, les vins blancs présentent un déficit aromatique, compensé par des techniques de vinification comme la fermentation à basse température ou l'arrêt de la fermentation malolactique.

Le rôle de l'altitude

L'altitude n'est pas étrangère à la qualité des vins blancs élaborés dans les régions méridionales. La baisse de la température moyenne en altitude permet souvent à des cépages septentrionaux de produire des vins blancs intéressants. C'est le cas du chardonnay dans les Coteaux des Baronnies et dans la haute vallée de l'Aude, à Limoux, ou encore du cépage espagnol godello à Valdeorras, en Galice. Par ailleurs, l'altitude paraît améliorer le vieillissement du vin. Durant quelques années, une expérience a permis de suivre l'évolution d'un vin qui avait été monté sur le site de l'Ayré, à Barèges, dans les Pyrénées. Les résultats semblent être encourageants.

La brume et le gel

Deux phénomènes climatiques sont liés à la qualité du raisin et à sa concentration. Certains terroirs de la rive gauche de la Garonne, en Bordelais, et du Sud-Ouest, situés en bordure de rivière, bénéficient de l'alternance de matins brumeux et d'après-midi ensoleillés qui favorisent le développement d'un champignon : le *Botrytis cinerea*, ou pourriture noble. La pellicule de la baie, ainsi colonisée, devient perméable ; pour peu que le soleil se manifeste, les sucres se concentrent et de splendides arômes de miel, d'abricot sec, d'orange confite et de fleurs sauvages voient le jour. Dans d'autres cas, la concentration d'arômes et de sucres se fait sous l'action du gel. Dans les vignobles les plus froids du continent, les raisins peuvent être récoltés gelés. Seule la partie la plus sucrée du raisin reste à l'état liquide et s'écoule du pressoir. Le moût ainsi obtenu est incroyablement concentré. Toutefois, la production est infime, et les fameux Eisweine allemands atteignent des prix élevés.

Comprendre...
L'influence de l'assemblage

Assembler, c'est associer des cépages différents ou des vins issus de sols distincts pour élaborer une cuvée ayant sa propre identité. Selon les régions, cépages, terroirs ou millésimes se combinent, additionnant structure, arômes et saveurs, afin de créer un subtil équilibre.

Qu'est-ce que l'assemblage ?

Selon les régions viticoles, le terme assemblage revêt plusieurs significations. En Champagne, l'opération consiste à mélanger, dans certaines proportions, des vins provenant de différents vignobles de l'aire d'appellation, différents cépages et millésimes. En Bourgogne, où pinot noir et chardonnay sont vinifiés séparément, soit en rouge, soit en blanc, l'apport de parcelles différentes, ainsi que de clones complémentaires d'un même cépage doit amplifier les qualités du vin et lui donner structure et complexité. Dans le Bordelais, l'assemblage est la règle. Il désigne le mélange de cuves et/ou de barriques contenant des vins de cépages différents. Un château ne peut assembler que les vins qu'il produit au sein d'une seule et même appellation. Dans le sud de la France, il est fréquent de mélanger les raisins dans la cuve de fermentation. Tel est parfois le cas en châteauneuf-du-pape, dans la vallée du Rhône méridionale. La synergie aromatique qui se réalise est bien différente de celle obtenue en assemblant les vins vinifiés séparément. Les matières pourraient alors être mieux extraites, et les arômes se fondraient de manière à donner naissance à une palette plus délicate. En Espagne, le xérès, vin viné, est élevé selon le système de *solera* qui consiste à ajouter dans les mêmes tonneaux un vin du même cépage mais un peu plus jeune. La majorité des xérès résulte d'un mélange de plusieurs *soleras*. Une technique d'assemblage pratiquée dans tous les pays viticoles du monde consiste à mélanger du vin de presse à du vin de goutte, mais sans exagération.

Pourquoi assembler ?

L'assemblage permet d'obtenir un vin fini réunissant toutes les qualités des cuvées initiales. Dans le Bordelais, les trois cépages traditionnels (merlot, cabernet franc et cabernet-sauvignon) ne parviennent pas en même temps à maturité. Les vinifier les uns après les autres, au moment le plus propice, garantit de meilleurs résultats. Interviennent aussi la nature des parcelles ou l'âge des vignes, sans oublier l'influence de la provenance des chênes à merrain. Un grand cru est toujours le produit de cette savante alchimie.

C'est parce que les producteurs souhaitaient garantir une identité constante au vin d'une année à l'autre, malgré les aléas climatiques, et satisfaire ainsi l'attente du consommateur habitué à « son » vin préféré qu'ils ont instauré l'art de l'assemblage. En Champagne, les réserves en vins des années précédentes sont destinées à équilibrer les cuvées selon un style qui se veut constant. Le champagne ainsi élaboré ne portera simplement pas de millésime sur l'étiquette. On le nomme « sans année ».

Dans la région de Cognac, la tradition a identifié plusieurs régions concentriques (Grande Champagne, Petite Champagne, Fins Bois, Bons Bois et Borderies), dont les eaux-de-vie possèdent chacune leur caractère aromatique. Elles peuvent être élaborées séparément ou assemblées. L'art du maître de chai est de perpétuer l'« esprit » maison.

L'exemple du champagne

À partir des cépages chardonnay, pinot noir et pinot meunier, le vigneron tente de tirer la quintessence des terroirs champenois et de millésimes distincts. Le pinot meunier propose dès l'abord des arômes fruités d'agrumes, légers et assez évanescents en bouche. La personnalité élégante du chardonnay contribue à construire le profil aromatique du champagne qui s'épanouira pleinement après quelques années. Les flaveurs de ce cépage s'ouvrent : brioche grillée, beurre frais, noisette, petits champignons. Le pinot noir apporte la structure et une finale sur les fruits du verger, la pomme, le coing et même la poire. Le chef de cave est chargé, avec les œnologues, de créer cette savante alchimie à partir des différents apports. Dans l'idéal, la présence en bouche de la cuvée est d'une continuité sans failles. Pour une cuvée millésimée, l'assemblage permet d'exprimer le caractère de l'année. Le chef de cave doit être en mesure d'anticiper l'évolution des arômes au cours de l'élevage : les senteurs florales du chardonnay et la timidité en bouche du pinot noir laisseront place à des arômes plus puissants avec le temps. Il s'agit alors de magnifier les charmes aromatiques des vins d'une année qui justifie le millésime. L'effort ne vise plus tant à reproduire la signature aromatique de la maison qu'à mettre en valeur la spécificité d'une vendange.

Assemblage ou coupage ?

En Europe, mélanger des vins sans tenir compte de leurs origines n'est pas assembler, mais couper. Le coupage est un procédé caractéristique de la production de vins courants. Les moûts peuvent provenir de différents pays de l'Union européenne. Un vin de coupage n'a droit à aucune appellation ; il est vendu comme vin de table.

En Champagne, l'élevage d'une cuvée millésimée est réglementé : celle-ci ne peut être commercialisée que trois ans et trois mois après la vendange. Qu'il s'agisse d'une cuvée sans année ou d'une cuvée millésimée, les arômes sont encore enrichis par la seconde fermentation, par l'apport de liqueur de tirage et par le séjour plus ou moins long sur lies.

Ouillage des fûts de porto : le maître de chai ajoute du vin régulièrement afin de compenser l'évaporation au cours de l'élevage. Le vin est de même qualité que celui de la pinta.

Comprendre...
L'influence de l'élevage

L'élevage sous bois, longue tradition de certains grands vignobles, s'est largement répandu dans le monde. Le bois confère aux vins blancs et rouges d'incontestables nuances aromatiques. Le tonneau, appelé fût, barrique ou foudre selon les régions, fait jouer les fibres des essences nobles plus ou moins brûlées lors de la fabrication pour tenter d'accroître le pouvoir de séduction du vin.

En cuve ou sous bois ?

Le passage du vin en fût de bois n'est pas obligatoire. Une fermentation en cuve de béton ou Inox, consciencieusement menée, peut donner naissance à un excellent vin. Les cuves sont en fait bien plus faciles à entretenir que les barriques. Le bois est une matière vivante, réagissant aux changements de température et d'hygrométrie, susceptible de loger toutes sortes de micro-organismes si les conditions d'hygiène ne sont pas respectées. « Bois bien fondu, bon soutien du merrain, boisé élégant... » sont quelques-unes des expressions employées par les dégustateurs. Car un élevage en fût de chêne neuf peut influencer favorablement le vin, à condition que la matière première soit de qualité, mûre, riche en extraits. Le bois lègue au vin des tanins qui lui assurent une certaine longévité et une bonne charpente, permet à l'oxygène de circuler et

apporte d'agréables arômes. Cependant, un petit vin manquant de corps ne tire jamais profit d'un passage sous bois, qui l'asséchera ou ne fera que masquer temporairement ses défauts de constitution. L'oxydation ménagée du vin est plus importante en barrique qu'en

Deux types d'élevage pour des expressions distinctes : en cuve ou en fût (en haut, assemblage et cintrage d'un tonneau).

Les copeaux

Parce que l'élevage en barrique a un coût élevé, parfois prohibitif pour les vins d'entrée de gamme, les techniciens associent la micro-oxygénation et l'emploi de copeaux de chêne dans le but d'accentuer les tanins et d'aromatiser les vins. Cette technique, surtout employée dans le Nouveau Monde, donne des vins extrêmement marqués par l'arôme boisé, souvent très vanillés. Le résultat dépend du « doigté » de l'élaborateur de vin. Les puristes crieront à la mort de la tradition, les modernistes leur répondront qu'il s'agit peut-être de la tradition de demain.

cuve ; l'apport d'oxygène s'effectue lentement et régulièrement au travers des pores du bois et de la bonde, plus brutalement lors des soutirages. Cet apport modifie les arômes, en faisant évoluer les notes primaires et secondaires vers le « bouquet ». La technique de la micro-oxygénation vise à remplacer ce rôle traditionnel de la barrique.

Les origines du bois

Le maître de chai ne peut choisir n'importe quel bois pour élever son vin. Imaginez un côte-rôtie après un an d'élevage dans un tonneau en bois de pin ou de cyprès… L'arbre roi des caves et des chais est le chêne, mais toutes les espèces ne sont pas équivalentes. En France, les chênes de la forêt de Tronçais, dans l'Allier, sont particulièrement prisés. En Italie, jusqu'à une date récente, les vignerons appréciaient le chêne de Bosnie. Le chêne utilisé pour l'élevage du rioja en Espagne est surtout d'origine américaine ; les futailles sont avinées au vin jeune afin de ne pas transmettre d'arômes trop marqués. Les fûts de chêne américain commencent à faire leur apparition en France car ils sont beaucoup moins onéreux que ceux du Vieux Continent. Seuls les fûts en bois de chêne neuf, d'une, de deux, voire de trois années, garantissent la bonification du vin. Ce sont bien sûr les plus chers, ce qui explique l'apparition d'une nouvelle technique qui consiste à faire macérer dans le vin des copeaux de bois de chêne.

Cette pratique, interdite dans les vins d'appellation d'origine en France, est autorisée pour certains vins de pays et dans certaines aires viticoles du monde. Le risque est d'obtenir une « tisane de chêne ».

De bois, d'épices et de caramel

L'arôme de bois le plus facile à reconnaître, car le plus gourmand, est celui de la vanille qui se mêle à une autre fragrance évocatrice de dessert, celle du caramel. La flaveur de poivre résulte aussi du passage en fût, ainsi que celle de clou de girofle. Le chêne américain apporte des arômes de boîte à cigares, de cèdre ou de santal. Sans oublier des parfums plus suaves, comme celui de la noix de coco, dû à la béta-méthyl-gamma octalactone, connue sous le nom de whisky-lactone ou *oak lactone* (lactone du chêne), ainsi que l'amande grillée ou la réglisse. La vanille, le caramel et le bois évoluent dans le temps pour enrichir le bouquet de notes de thé, de cuir et de rancio. Le rancio est cet arôme recherché des producteurs des meilleurs cognacs, des grands whiskies, des vieux portos et des vins doux naturels.
La chauffe de l'intérieur du fût, c'est-à-dire son brûlage plus ou moins intense et long, est un facteur déterminant dans l'influence du bois sur le vin. Les arômes légués sont très différents et les notes de grillé, de brûlé, de torréfaction prennent le pas sur la vanille. (*Cf.* p. 102.)

Reconnaître…

LES VÉGÉTAUX
• Bois (102)
LES BALSAMIQUES
• Santal (112)
LES ÉPICÉS
• Réglisse (116)
• Vanille (118)
• Cannelle (120)
• Poivre et noix muscade (122)
LES EMPYREUMATIQUES
• Chocolat (132)
• Café (134)
• Pain grillé (136)
• Caramel (138)
• Fumée et goudron (140)

Les défauts du bois

Si les barriques ne sont pas bien nettoyées, le profil aromatique du vin en sera lourdement modifié. C'est ainsi que des notes de moisissure, de champignons pourris ou bien d'écurie (dues à une contamination par des levures brettanomyces), de savon ou de croupi peuvent apparaître. Un fût bien entretenu mais trop vieux risque d'assécher le vin et d'appauvrir ses arômes, ou de lui transmettre des odeurs de bois sec peu agréables. Tout comme un bois neuf, trop longtemps au contact d'un vin de petite structure, apportera des nuances astringentes qui évolueront vers la sécheresse.

Un milieu enrichissant

L'amélioration aromatique du vin n'est pas seulement due à des molécules extraites du bois. L'intérieur du fût constitue un milieu particulier capable d'influencer la vie des bactéries responsables de la fermentation malolactique. Par un processus qui reste à expliquer, la fermentation malolactique menée sous bois entraîne de profondes modifications aromatiques, notamment l'augmentation des notes lactiques, différentes de celles dues à une fermentation en cuve. Toutefois, après quelques années de garde, les palettes aromatiques convergent.
Pour les vins blancs, l'élevage sur lies, grâce aux produits de l'autolyse des levures, permet une réaction chimique avec les arômes extraits du bois. Le pouvoir réducteur des lies modifie et atténue les caractères du bois neuf. Il favorise ainsi la création d'une certaine harmonie entre les arômes primaires, secondaires et tertiaires. Enfin, les tanins extraits du bois interviennent sur les caractéristiques gustatives des vins élevés en fût, en leur conférant une charpente solide.

Reconnaître...
Les familles aromatiques

Les arômes du vin peuvent certes être classés par familles chimiques, mais pour qui n'a pas étudié la chimie et privilégie une dégustation hédonistique, il est beaucoup plus aisé de puiser ses références dans son univers quotidien. Il s'agit dès lors de nommer les arômes par analogie.

L'analogie

Une analogie désigne un lien de ressemblance entre deux choses : ainsi, comparer l'arôme d'un vin à celui de l'orange relève de l'analogie. Cette méthode permet d'identifier des sensations et de les partager avec d'autres dégustateurs. C'est un langage commun, une terminologie de la dégustation qui s'apprend aisément et qui s'enrichit par l'expérience.

Comment représenter les arômes ?

Il est parfois difficile de définir un arôme précis dans le vin. Dans ce cas, c'est une impression générale fruitée ou florale, épicée ou végétale qui s'impose. Le dégustateur évoque une famille aromatique. Des systèmes de classification des odeurs et des saveurs, il s'en est inventé une multitude au cours des siècles. Les premiers remonteraient à l'Antiquité : les Grecs développèrent la théorie des quatre humeurs associées à différents organes : le sec (bile noire de la rate) et l'humide (bile jaune du foie), le chaud

(cœur) et le froid (cerveau), les aliments favorisant certaines humeurs. À partir du XVIIIe siècle, des classifications plus élaborées apparurent. Celle créée au XXe siècle par Jean Carles, grand parfumeur grassois et remarquable pédagogue, est encore largement utilisable, quoique conçue pour la parfumerie. En 1990, le Comité français du parfum a défini sept familles représentatives des parfums, elles-mêmes divisées en nuances : les hespéridées (agrumes), les florales, la fougère, les chyprées, les boisées, les ambrées, le cuir (cuir fleuri, cuir tabac).
Les œnologues ne sont pas en reste et ont été pionniers dans le domaine de l'analyse sensorielle, aujourd'hui considérée comme un outil indispensable par l'industrie agroalimentaire. Depuis les études menées par des précurseurs comme Max Léglise ou Émile Peynaud dans les années 1960, les inventaires d'arômes se succèdent, les plus récents ayant été réalisés par Jean-Noël Jaubert de l'École nationale supérieure des industries chimiques

de Nancy et par l'Université de Davis, en Californie (roue des arômes de Ann C. Noble).
À quand la classification exhaustive et universelle des arômes ?
Gageure sans doute, puisque chaque culture possède ses références propres.

L'habit du parfumeur (Bibliothèque nationale de France).

FLORAUX	FLEURS FRAÎCHES	*acacia • chèvrefeuille • tilleul • genêt • mélilot • jasmin • rose • violette*
	FLEURS SÉCHÉES	*rose séchée • camomille*
FRUITÉS	AGRUMES	*orange • pamplemousse • citron*
	AGRUMES CONFITS	*zeste d'orange • zeste de citron*
	FRUITS ROUGES	*cerise • framboise • fraise • groseille*
	FRUITS NOIRS	*cassis*
	FRUITS SAUVAGES	*mûre • myrtille*
	FRUITS À NOYAU	*abricot • pêche • mirabelle*
	FRUITS À PÉPINS	*coing • pomme • poire • melon • figue*
	FRUITS CUITS	*compote • confiture*
	FRUITS SECS	*raisins secs • noisette • amande • noix • datte • pruneau • figue sèche • abricot sec • banane séchée*
	FRUITS EXOTIQUES	*mangue • litchi • fruit de la Passion • ananas • banane*
AMYLIQUES		*banane • bonbon anglais • vernis à ongles*
VÉGÉTAUX	HERBES CONDIMENTAIRES	*fenouil • anis • persil • sauge • coriandre*
	VÉGÉTAL VERT	*herbe coupée • buis • lierre • bourgeon de cassis*
	GARRIGUE	*thym • romarin*
	HERBES SAUVAGES	*mélisse • verveine • menthe • eucalyptus*
	HERBES SÉCHÉES	*tabac • thé • foin*
	BOIS	*bois sec • bois vert • sciure • chêne • cèdre • balsa • pin*
	SOUS-BOIS	*fougère • humus*
	CHAMPIGNONS	*levure • champignon frais • truffe*
	LÉGUMES VERTS	*poivron vert • asperge*
BALSAMIQUES		*résine • pin • santal • cire d'abeille • baume • thuya • thérebentine • camphre*
ÉPICÉS		*réglisse • vanille • cannelle • poivre • noix muscade • paprika • clou de girofle*
ANIMAUX	NOBLES	*jus de viande • cuir • fourrure • gibier • civette • musc*
	INDÉSIRABLES	*pipi de chat • souris • faisandé • poulailler • tripes • écurie • sueur de cheval*
EMPYREU-MATIQUES		*arômes des substances soumises à l'action du feu : chocolat • café • pain grillé • caramel • goudron • fumée • suie*
MINÉRAUX		*pierre à fusil • craie • graphite • pétrole*
MARINS		*iode • marée • algue*
PÂTISSERIES		*miel • pain frais • brioche • cake*
LACTÉS		*beurre frais • lait • crème • yaourt*
OXYDATION		*pomme cuite • noix rance • sucre brûlé*

RÉDUCTION	*réduit • placard • cuir • mercaptans • œuf pourri*
DÉFAUTS	*vinaigre • bouchon • soufre • moisi • géranium • écurie (éthylphénols)*

Les fleurs fraîches
L'acacia

Doux effluves émanant d'un vin de Touraine, comme du jardin du château de Blois. Arbre des rois, l'acacia se fait l'interprète dans les vins blancs ligériens, bourguignons ou bordelais de la mystérieuse alliance du cépage et du sol.

Naissance d'un arôme

L'acacia est un arôme primaire qui apparaît dans la palette des vins blancs fins. Une seule molécule serait-elle capable de reproduire l'odeur complexe des grappes de fleurs de cet arbre ? Il s'agirait plus vraisemblablement d'une subtile association de cinq ou six molécules au moins, parmi lesquelles l'alcool phényléthylique, l'hydroxycitronel-lal, le linalol et l'acide cinnamique.

Découverte au naturel

L'arbre à fleurs blanches que l'on appelle communément acacia n'est pas un véritable acacia, comme l'indique son nom latin *Robinia pseudoacacia*. Au sens strict, le terme acacia désigne un arbre à fleurs jaunes duveteuses et odorantes, dont le mimosa est le meilleur exemple. Le robinier faux acacia est originaire d'Amérique du Nord. Il doit son nom scientifique à un apothicaire français, Jean Robin, qui en planta un spécimen à Paris en 1601, place Dauphine. En 1635, ce même arbre fut replanté au jardin royal des Plantes médicinales créé par Gui de la Brosse, médecin de Louis XIII. On peut l'admirer aujourd'hui au jardin des Plantes.

... Et dans les vins

Dans la terminologie de la dégustation, l'acacia appartient à la série florale et plus particulièrement aux arômes de fleurs blanches, comme celui du troène ou du jasmin. Contrairement à ce dernier, il se rencontre essentiellement dans les vins blancs jeunes. Il communique son pouvoir de séduction aux grands vins blancs d'Anjou et de Touraine issus du cépage chenin. Parmi les vins les plus typés, le dégustateur découvrira bien sûr les vouvray et leurs proches voisins, les montlouis. Leurs terroirs, orientés au sud, face à la Loire ou au Cher, profitent d'automnes souvent doux, chauds et humides. Ce climat permet aux viticulteurs de vendanger le chenin à surmaturité. Une année sur trois, la pourriture noble trouve les conditions nécessaires à son développement (matins brumeux, après-midi ensoleillés), permettant à quelques producteurs d'élaborer des vins blancs liquoreux.

Le suave parfum de l'acacia apparaît dans tous les vins de ces appellations, qu'ils soient secs, demi-secs ou moelleux, mousseux ou tranquilles. Il se mêle à celui du pamplemousse dans les vins jeunes, se fond aux senteurs de pâte de coings et de cire d'abeille dans les vins longuement élevés. Dans le cour-cheverny, le romorantin, cépage devenu rare, produit des vins blancs frais aux évocations de fleurs blanches. Toutefois, l'acacia ne fleurit pas qu'en Touraine. À l'est d'Auxerre, dans l'Yonne, sur les terres chablisiennes, règne le chardonnay. Les chablis grands crus – Les Blanchots, Bougros, Les Clos, Grenouilles, Les Preuses, Valmur et Vaudésir – offrent ses effluves floraux. Il en va de même des vins blancs du Mâconnais, issus du même cépage. Outre-Atlantique comme aux antipodes, le dégustateur perçoit cette note dans les rares cuvées de chardonnay californien et australien qui n'aient pas longuement séjourné sous bois. Enfin, le parfum de l'acacia souffle dans le Sud-Ouest pour se fixer parfois dans les sauternes les plus élégants. On le goûte particulièrement dans les vins que les meilleurs vignerons gaillacois tirent de cépages aussi originaux que le len-de-l'el et l'ondenc.

Mémoriser

Pendant les beaux jours, cueillez les grappes blanches qui ornent les acacias. Faites sécher votre récolte à l'abri de la lumière, dans un endroit bien ventilé. Après un séchage complet, conservez-la dans des boîtes métalliques doublées de papier sulfurisé. Quelques mois passeront et les premiers frimas viendront vous mettre un peu de vague à l'âme. Préparez alors une pâte à beignets, dans laquelle vous enroberez vos grappes de fleurs. Trempez-les dans la friture bouillante. Vous dégusterez ces beignets floraux saupoudrés de sucre et accompagnés d'un chablis.

Le chardonnay de Carneros

La Californie est découpée en zones climatiques délimitées par l'Université de Davis. Les cépages plantés suivent peu ou prou – car la mode et les réalités économiques s'en mêlent – cette adaptation aux conditions de maturation. La zone de Carneros se situe au nord de la baie de San Francisco ; elle est ainsi soumise à l'influence de ses eaux froides, la baie communiquant avec l'océan Pacifique. Sur des sols d'origine volcanique, la préférence est donnée aux cépages septentrionaux, demandant de la fraîcheur. Le pinot noir et surtout le chardonnay y développent une finesse particulière, à laquelle participe la note d'acacia. Certaines maisons de Champagne ou productrices de vins effervescents en Europe ne s'y sont pas trompées et ont établi leurs filiales américaines à Carneros.

Les fleurs fraîches
Le chèvrefeuille

Subtil parfum de chèvrefeuille à faire pâlir d'envie les plus grands parfumeurs qui cherchent encore à extraire de la plante l'essence odorante. Certains vins blancs parviennent dès leur prime jeunesse à exprimer ces notes florales dans une harmonie pleine de fraîcheur.

Naissance d'un arôme

Étonnante, l'odeur du chèvrefeuille évoque tout à la fois des notes de fleur d'oranger et de bergamote, de violette, de muguet et de tilleul, de rose, de jasmin et de lilas, ainsi qu'une touche d'abricot. Cet arôme primaire résulte de l'apparition simultanée de plusieurs molécules aux fragrances florales, encore indéterminées. Il se distingue de celui de l'acacia par un caractère aldéhydé (peut-être l'hydroxycitronellal) moins sauvage.

Découverte au naturel

Plante grimpante des broussailles, aux jolies fleurs odorantes mais aux baies rouges ou noires toxiques, le chèvrefeuille commun, c'est-à-dire « feuille de chèvre », a pour nom latin *Lonicera caprifolium L.* (en hommage à un médecin botaniste allemand du XVIᵉ siècle, Adam Lonitzer). Au Moyen Âge, les espèces ornementales des jardins étaient *Lonicera periclymenum*, le commun chèvrefeuille des bois, *caprifolium et etrusca* (chèvrefeuille étrusque). Les *Lonicera* sont cultivés dans le monde entier, depuis la Scandinavie, au nord, jusqu'en Afrique australe, au sud. En 1844, Robert Fortune, botaniste anglais, rapporta de Chine le chèvrefeuille à floraison hivernale, *Lonicera fragrantissima*, dont le nom indique combien son parfum est puissant. De nos jours, le chèvrefeuille du Japon, *Lonicera japonica*, a détrôné les autres variétés dans nos jardins. De l'écorce de la plante est extraite une huile essentielle.

... Et dans les vins

Il est parfois difficile de différencier les notes florales d'acacia, de chèvrefeuille ou de troène à la dégustation. Le chèvrefeuille caractérise certains vins blancs secs dans leur prime jeunesse. À l'analyse de vins d'Alsace jeunes, vous retrouverez ainsi les senteurs élégantes et fragiles du chèvrefeuille et du seringa. Dans les alsace-rieslings, les arômes floraux contribuent à accentuer l'impression de fraîcheur déjà procurée par l'acidité naturelle de cet ancien cépage, dont l'implantation en France remonterait au IXᵉ siècle. Ces vins évoluent à la garde vers le fruité (pomme et citron) puis, de façon étonnante, vers des notes minérales, voire des nuances d'hydrocarbure.

Des arômes légers de chèvrefeuille émanent également des vins effervescents, en contrepoint du tilleul dans certains champagnes. Dans ce cas, la nuance aromatique florale provient vraisemblablement du chardonnay, bien qu'elle ne soit pas typique de ce cépage. Le chardonnay surprend encore en fleurissant le nez et la bouche de certains crémants-de-bourgogne blancs de blancs.

En Côte de Beaune, les vins de meursault et des appellations voisines – monthélie, auxey-duresses et puligny-montrachet – libèrent des arômes de beurre et de chèvrefeuille dans une bouche charpentée et pleine. Ces crus sont aptes à une garde d'une dizaine d'années, pendant lesquelles la palette s'oriente vers des accents de fruits secs, de pain grillé et de truffe. Dans ses carnets de voyages, Thomas Jefferson, ambassadeur en France de 1785 à 1789 et futur président des États-Unis, indique sa préférence pour le meursault premier cru Goutte d'Or de Louis Latour. Était-ce pour ses arômes de chèvrefeuille, mêlés de noisette et d'abricot ?

Le meursault

Au départ de Beaune en direction du Sud, Meursault est le premier village de la Côte de Beaune à produire des vins blancs. Après l'appellation volnay, consacrée aux vins rouges, l'aire de meursault correspond à des sols de marnes et de calcaires dolomitiques. Ses vignes couvrent le flanc d'un coteau qui regarde l'est et bénéficient d'une exposition sud-ouest. Parmi les meilleurs *climats* figurent les premiers crus Les Perrières, Les Charmes, Genevrières, Porusot, Les Gouttes d'Or. Tous se situent au milieu de la pente, bien à l'abri des vents froids. Le chardonnay y exprime une palette aromatique fine, alliance de miel et de fleurs, tout en développant un corps structuré et long.

Mémoriser

Promenez-vous au mois de juin dans les jardins. Autrefois, on plantait du chèvrefeuille à proximité d'une nouvelle habitation ; s'il prospérait, c'était le signe d'une maison sous bonne influence. Dans les Corbières, des herborisations ont permis d'identifier plusieurs espèces qui offrent toutes des parfums délicats et puissants.

Les fleurs jaunes et vertes

Voisines du registre des fleurs blanches, les fleurs jaunes marquent la gamme aromatique des vins blancs dès leur jeunesse et des vins rouges parvenus à leur apogée. Ce sont le tilleul, le genêt, ainsi que le délicat mélilot des prés. Les grands vins liquoreux dévoilent souvent cette nuance qui s'intègre à leur bouquet miellé.

Naissance d'un arôme

La note de tilleul, perceptible dans les vins blancs, semble caractériser certains cépages, et s'apparenterait donc à un arôme primaire. Au contraire, la flaveur de genêt apparaît généralement après un certain temps de garde en bouteille ; elle peut se glisser dans la palette des vins rouges, en même temps que des arômes de fruits secs (figue, datte). Il s'agit donc d'un arôme tertiaire. Le parfum du tilleul reste mystérieux. Aucune forme d'extraction n'a pu mettre en évidence les molécules responsables. En parfumerie, on utilise l'hydroxycitronellal pour l'évoquer, mais dans la nature, les chercheurs estiment qu'il s'agirait de molécules proches du farnésol.

Le parfum du genêt est très complexe : le caractère animal provient des dérivés de l'acide caprylique, le caractère fleuri d'esters d'acide acétique, d'acide formique, *etc.* Les caractères de fruits secs, de cuir et d'épices sont principalement liés à des composés phénolés. On utilise l'absolue de genêt pour recréer des arômes de figue et de pruneau. Quant au mélilot, ses arômes miellés sont dus à la présence de coumarine.

Découverte au naturel

Le tilleul est un arbre courant en France, dont deux espèces sont réputées pour la qualité de leurs fleurs : *Tilia cordata* et *Tilia platycephales*. La partie réellement active de la plante est en effet sa fleur, qu'on laisse infuser pour obtenir une tisane subtile, aux vertus digestives. Toutes les fleurs d'un même arbre s'ouvrent pratiquement en même temps et ne restent épanouies qu'une seule journée. Il ne faut pas confondre les fleurs de tilleul, d'une couleur jaune-vert, avec les petites boules accrochées aux feuilles, qui sont les fruits de l'arbre.

Le genêt est un arbrisseau aux grandes fleurs jaunes. Le genêt d'Espagne (*Spartium junceum L.*), poussant sous climat méditerranéen, libère ce parfum fort agréable que le dégustateur cite dans les vins, tandis que le genêt à balai (*Cytisus scoparia*), de climat atlantique, exhale une odeur âcre. Parce qu'ils contiennent des alcaloïdes, les genêts et autres cytises s'avèrent toxiques, mais, à faibles doses, le genêt à balai possède des propriétés thérapeutiques.

Le mélilot, petite herbe des prés aux grappes de fleurs jaunes, se rencontre souvent dans le fourrage : son odeur délicate, légèrement sucrée, est l'un des éléments essentiels de la fragrance de certains foins.

... Et dans les vins

Les vignerons hongrois cultivent un cépage nommé hárslevelü, ou « feuille de tilleul », qui participe, avec le furmint, à l'élaboration du célèbre tokay. Le tilleul caractérise bien les vins blancs moelleux et liquoreux, en prenant des accents miellés en Anjou, dans les crus issus du cépage chenin : quarts-de-chaume et bonnezeaux, par exemple. Il se retrouve dans certains vins suisses de chasselas, en particulier ceux produits dans le canton de Vaud.

Le même arôme se rencontre dans des vins blancs secs jeunes, tels ceux de Gaillac, issus du len-de-l'el (loin-de-l'œil), ou certains pessac-léognan à dominante de sauvignon bien mûr qui y associent le genêt. De nombreux cépages du sud-est de la France confèrent aux vins un parfum de tilleul. Tel est le cas de la marsanne, du pascal blanc ou du doucillon qui entrent dans la composition des vins de Cassis, en Provence. Le tilleul et la fleur de vigne marient leurs fragrances dans le bellet blanc, né du cépage rolle.

Le riesling alsacien est marqué par le tilleul dans sa jeunesse. Au cours de la garde, il évolue vers des notes plus profondes, qui rappellent une autre fleur jaune – le genêt –, accompagnée d'une nuance de naphte. Sur les terres ardentes du Roussillon, un cépage d'origine espagnole, le macabeu, enrichit les vins doux naturels rivesaltes d'arômes de genêt et de miel des garrigues. Telles sont aussi les composantes du bellet rosé, dont la manifestation est sans doute liée au cépage braquet. Dans le Bordelais, le genêt participe au bouquet des grands sauternes déjà âgés, comme la marque du sauvignon. Il souligne les parfums plus fruités et miellés du sémillon.

Quant à l'arôme du mélilot, il dévoile les notes de miel caractéristiques des fleurs jaunes. Il s'accompagne fréquemment de touches vanillées et coumarinées, de nuances de tabac. Cet effluve peut – cas rare pour des arômes de fleurs jaunes – se dégager des vins rouges bordelais des grandes années. Le sillage du mélilot se fait parfois sentir dans les saint-émilion ou les pessac-léognan.

Mémoriser

Rendez-vous le premier mercredi d'août à Buis-les-Baronnies, dans la Drôme provençale. C'est le jour de la fête du tilleul : vendeurs et acheteurs se retrouvent pour discuter, parfois âprement, la cote de la plante. Toute la ville est alors parfumée par les amas de « bourras » emplis de fleurs. Vous trouverez par ailleurs de nombreux cosmétiques aux fragrances de tilleul, dont la base se compose souvent de produits de synthèse. L'huile essentielle ou l'absolue de tilleul restent rares sur le marché. Le genêt d'Espagne est beaucoup plus répandu, mais la variété la plus parfumée provient des hauteurs de Grasse, la cité des parfums.

Le bellet blanc

Un vignoble à la fois historique et héroïque, qui résiste à la pression immobilière sur les hauteurs de Nice. Sur des sols de graves et de poudingues aménagés en terrasses, des cépages originaux comme le rolle, associé au roussan, parfois au chardonnay produisent des vins blancs d'une grande subtilité aromatique, association de fleurs blanches, de fenouil et de tilleul. À peine 32 hectares, mais assurément une appellation qui maintient une typicité unique en Provence. Les vins rouges sont tout aussi originaux, issus du braquet, de la fuella nera, du cinsault et du grenache.

Les fleurs fraîches
Le jasmin

Les fleurs de jasmin offrent une senteur puissante et envoûtante, réminiscence des jardins méditerranéens. Les vins blancs y puisent une inspiration fraîche, tandis que les vins rouges parvenus à leur apogée évoquent le caractère presque animal des délicates corolles blanches.

Naissance d'un arôme

La molécule à l'origine de la note fruitée du jasmin est l'acétate de benzyle. Cet arôme primaire se cristallise lors de la macération carbonique. Le fruité de l'acétate de benzyle disparaît au cours du vieillissement en bouteille au profit d'une note capiteuse due à l'acétate de paracrésyl ou à des dérivés du type méthylindole qui caractérisent les fruits surmûris. Il s'agit alors d'un arôme tertiaire.

Découverte au naturel

Le jasmin appartient à la famille des Oléacées, de même que le lilas et le troène. *Jasminum officinale*, originaire de Chine et d'Asie centrale, est l'espèce la plus parfumée. La variété *Jasminum grandiflorum*, née au Népal et introduite en France par les Espagnols vers 1560, est appréciée pour l'essence que les parfumeurs tirent de ses grandes fleurs blanches. La senteur des petites corolles diffère le matin et le soir. Au lever du soleil, elle est à la fois florale et fruitée, fraîche ; elle s'apparente à la fleur d'oranger. Au couchant, elle devient entêtante, jouant sur des notes presque animales. Les fragrances matinales sont les plus recherchées ; à la fin juillet, et pendant quatre-vingt-dix jours, la récolte des fleurs s'effectue à l'aube, dès que la rosée a disparu. En effet, à peine la fleur s'épanouit-elle que la teneur en essence décroît de façon significative.

... Et dans les vins

La senteur du jasmin est classée dans la catégorie des arômes de fleurs blanches, à l'instar de celles du lys, du sureau et du freesia. La note légère de la fleur du matin se manifeste dans des vins blancs jeunes, comme les gaillac moelleux issus du cépage mauzac. Dans ce cas, le jasmin exprime surtout des nuances fruitées.

Un caractère plus sauvage, presque animal (gibier), s'impose dans certains vins rouges mûrs. Ainsi le jasmin apparaît-il comme un arôme de transition entre les expressions fruitées du jeune cabernet-sauvignon et les notes animales du merlot de belle maturation. Ce dégradé olfactif, qui va du fruit rouge à l'animal,

accompagne le développement des grands vins rouges de la Côte de Nuits, tel le chambolle-musigny. Les effluves du jasmin matinal agrémentent les arômes de framboise des vins jeunes, tandis que le côté entêtant du jasmin du soir apparaît avant que la maturation ne donne des notes de civette aux vins vieux. Associé au cassis, le jasmin, comme la rose fanée, se mêle à la palette du moulin-à-vent après quatre ans de garde en bouteille. L'un des dix crus du Beaujolais issu du cépage gamay noir, ce vin tire sa quintessence d'un terroir d'arènes granitiques et doit certains de ses caractères organoleptiques à la macération carbonique sur raisins entiers.

Le même accord jasmin-cassis peut être décelé dans les côtes-du-frontonnais contenant une proportion importante de cépage négrette. Ces vins du Sud-Ouest s'enveloppent d'une robe sombre et de parfums profonds de fruits noirs, d'épices et

de fleurs qui perdurent dans une bouche charnue. Produits dans la vallée du Lot, les cahors, dominés par le côt, se parent de notes orientales. Austères dans leur jeunesse, ils révèlent après deux ou trois ans de garde une concentration élégante, une charpente bien enrobée dans laquelle s'inscrivent des flaveurs de réglisse, de fruits rouges et noirs, de cacao, de sous-bois et de fines touches de jasmin animal.

Le moulin-à-vent

Moulin-à-vent, l'un des dix crus du Beaujolais, produit les vins les plus corsés et les plus aptes à la garde de la région (de quatre à dix ans). Entre les aires d'appellation fleurie et chénas, ses pentes prononcées d'arènes granitiques favorisent la maturité du gamay noir. Est-ce la richesse en manganèse des sols qui fait naître l'arôme de jasmin dans la palette d'un moulin-à-vent ? Cette note est souvent associée à l'iris, à la violette, à la cerise bien mûre. Les moulin-à-vent âgés glissent parfois vers la truffe et les épices.

Les fleurs fraîches
La rose

La rose est le symbole de l'amour et de la beauté. Comment s'étonner de retrouver cette fleur parmi les premiers arômes charmeurs qu'exhalent les vins de muscat et de gewurztraminer, véritables flacons de senteurs ?

Naissance d'un arôme

Il suffit de croquer dans une baie mûre de muscat pour percevoir un arôme délicieusement floral. La principale molécule responsable de cet effluve est le linalol. Cependant, un ensemble de molécules du groupe des terpénols s'y associe pour créer une sensation olfactive plus complexe encore : il s'agit notamment du citronnellol, du nérol et du géraniol. Dans les vins nés des cépages muscats, l'arôme de rose est préférmentaire, donc primaire. En revanche, les notes de rose fanée rencontrées dans les vins âgés issus d'autres raisins proviennent de l'alcool phényléthylique, lequel se décèle aisément dans le fond des verres de vins rouges. Il s'agit alors d'un arôme tertiaire.

Découverte au naturel

Cultivés depuis la plus haute Antiquité, les rosiers ont subi de très nombreux croisements. Quelques hybrides ont nourri plus que d'autres l'imagination des parfumeurs : le rosier cent feuilles (*Rosa* x *centifolia*), originaire du Caucase ; le rosier à odeur de thé (*Rosa* x *odorata*), merveille des anciens jardins chinois ; le rosier de Damas (*Rosa* x *damascena*), introduit en France au XIIIᵉ siècle, pendant la septième croisade, et dont on tire non seulement à Grasse, mais aussi en Bulgarie, en Turquie et au Maroc une essence sublime qui entre dans la composition de nombreux parfums.

... Et dans les vins

Dans les vins issus de muscat, le fruit exprime d'emblée le parfum de la rose associé aux raisins secs et au miel. Outre le muscat de Hambourg, qui est un raisin de table, on cultive plusieurs variétés de muscat destinées à la vinification, parmi lesquelles le muscat blanc à petits grains et le muscat d'Alexandrie, autrement dénommé muscat à gros grains. Ce dernier produit essentiellement le muscat-de-rivesaltes dans le Roussillon. Du muscat à petits grains naissent le muscat-de-frontignan, ainsi que le muscat-de-saint-jean-de-minervois, le muscat-de-lunel et le muscat-de-mireval en Languedoc, le muscat-de-beaumes-de-venise dans la vallée du Rhône méridionale. Ces vins blancs doux naturels atteignent une grande finesse aromatique. Les chercheurs de la station viticole roussillonnaise de Tresserre, dirigée par Pierre Torrès, ont observé que les sols caillouteux étaient bénéfiques à l'expression du muscat à petits grains, renforçant la concentration du raisin en terpènes.

L'alsace-muscat, vinifié en sec comme en liquoreux, est issu de deux cépages : le muscat blanc à petits grains et, surtout, le muscat ottonel. Dans le vignoble alsacien, les vins issus de gewurztraminer, ancienne variété aromatique du savagnin blanc, présentent ce parfum puissant qui accompagne parfaitement les plats préparés avec des aromates et des épices, ainsi que le fromage munster.

Les vins rouges déclinent plusieurs nuances de rose. La rose fanée, par exemple, se rencontre dans de grands crus âgés du Bordelais comme le pauillac ou le margaux de quinze ans d'âge. De même, le chiroubles, l'un des dix crus du Beaujolais, dont le potentiel de garde peut atteindre cinq ans, offre un nez de pivoine, de violette et de rose à son apogée. Quant à la rose fraîche, alliée à la jacinthe, elle surgit en finale à la dégustation de vins rouges encore jeunes de la région de Beaune, en Bourgogne.

L'un des meilleurs vins rouges d'Italie, le barolo, déploie aussi des fragrances de rose. Ce vin structuré du Piémont, issu du cépage nebbiolo, développe lentement son bouquet complexe de griotte, d'épices douces, de sous-bois, souligné d'un léger boisé. Dans le Piémont, on peut aussi apprécier le cépage freisa d'Asti, qui produit le vin rouge du même nom, léger et vivace, au délicieux nez de rose et de framboise.

Mémoriser

Pour garder la mémoire des parfums de roses, rien ne vaut la visite d'une roseraie, à partir du mois de mai. Un grand nombre d'aliments aromatisés à la rose (bonbons, loukoums, confitures, sirops) ou de produits de parfumerie à base d'extraits de rose (parfums, eau de rose, huile essentielle de damascena, *etc.*) vous serviront également de référence.

Dans la gamme des vins rosés, ceux de la Vendée et de la Loire, nés du cépage grolleau, intègrent la rose dans leur palette d'une grande fraîcheur. Dans la vallée du Rhône méridionale, le tavel – l'un des rares rosés à vieillir harmonieusement plus de deux ou trois ans – dégage parfois de tels effluves.

L'alsace-gewurztraminer

Cousin aromatique du traminer, le gewurztraminer s'est implanté en Alsace au XIXe siècle, sur des sols marno-calcaires ou granitiques favorables à son expression. Marqué par des arômes terpéniques, ce cépage produit des vins puissants, souvent riches en sucres résiduels qui masquent l'amertume naturelle du raisin en fin de bouche. Au nez comme au palais, c'est une explosion de nuances de rose, de fruits exotiques, d'épices, alliées à des accents rappelant le muscat. Lorsqu'il est décliné en vendanges tardives ou en sélection de grains nobles, l'alsace-gewurztraminer gagne des notes d'abricot confit, de miel et d'épices fines.

Les fleurs fraîches
La violette

Colorée, mystérieusement parfumée, la violette évoque une nature discrète. Son arôme subtil, qui se marie aux fruits dans les vins rouges ou blancs, naît tout autant du cépage vinifié que du terroir.

Naissance d'un arôme

La molécule responsable de l'arôme de violette dans un vin s'appelle béta-ionone et provient de la dégradation des carotènes. Présente en quantité infime, elle n'en est pas moins décelable grâce à son intensité aromatique. Les carotènes constituent des substances de réserve de la vigne. Leur présence indique que la maturation du raisin s'est déroulée au cours d'une saison très ensoleillée, généralement profitable à l'élaboration d'un vin de qualité. Une note de violette dans le verre de dégustation est en conséquence du meilleur augure. Florale, elle évoque aussi, par ses côtés gourmands, la framboise dans les vins jeunes et évolue vers l'humus ou le gibier dans des vins plus âgés.

Découverte au naturel

Dans le langage des fleurs, la violette signifie modestie. Si cette petite plante des bois et des bords de chemin est certes modeste d'aspect, son parfum, lui, est exubérant. Promenez-vous par un bel après-midi de mars dans un sous-bois tapissé de violettes de la région toulousaine. Qu'une légère brise vienne à souffler et vous serez emporté par une fragrance à la fois puissante et subtile. Le nom latin de la violette n'est-il pas *Viola odorata* ? La violette possède des propriétés antiseptiques contre les rhumes et apaisantes pour la peau. Dans l'Antiquité, les Romains laissaient même macérer ses fleurs dans un vin.

... Et dans les vins

Certains cépages blancs libèrent une note de violette caractéristique, qui les distingue dans le vaste patrimoine ampélographique. Le viognier en est la meilleure illustration : à l'origine du condrieu dans la vallée du Rhône septentrionale, il enrichit la palette de fruits jaunes à noyau d'une pointe florale.

En Savoie, les vins d'appellation d'origine seyssel, tranquilles ou effervescents, élaborés à partir de la roussette, évoquent avec franchise la violette en accompagnement des arômes de fruits blancs.
Les cépages rouges ne sont pas en reste, mais n'expriment la violette qu'un court moment dans la vie du vin. Ainsi des vins de syrah – côte-rôtie, saint-joseph et autres crus de la vallée du Rhône – qui évoluent du registre floral aux gammes épicée (poivrée) et animale. Le cabernet franc peut apporter des nuances de violette selon sa vinification et son terroir : le dégustateur en trouvera le sillage dans un saumur-champigny, un chinon et un bourgueil de la Loire, ainsi que dans certains vins du Bordelais, tels le margaux et le saint-émilion. Quant au pinot noir bourguignon, il ne dédaigne pas cette fragrance qui sied si bien aux chambolle-musigny, vosne-romanée

Mémoriser

Le parfum *Violette de Toulouse* de la parfumerie Berdoues et les délicieux petits bouquets vendus sur les boulevards toulousains appartiennent à l'histoire de la ville. Pour apprécier la saveur de la fleur, vous pourrez préparer des kirs toulousains à base de vin blanc sec et de liqueur de violette. Confite, la violette sert de décoration pâtissière, tout en apportant une saveur singulière, notamment aux ganaches au chocolat noir.

et morey-saint-denis, relevant une palette de petits fruits noirs et de fruits rouges à noyau.
Faut-il en conclure que la violette est un arôme variétal, exclusivement lié au raisin ? Loin s'en faut. Certains terroirs marquent les vins de cette empreinte florale. Tel est le cas du Frontonnais, où la négrette peut acquérir ces fameuses notes, et de Cahors dans le Sud-Ouest, ou encore du Barbaresco dans le Piémont italien.

Le côtes-du-frontonnais
Sur les terrasses du Tarn, à quelques encablures de la Garonne depuis Toulouse, le Frontonnais est marqué par l'insolite négrette qui apprécie ses sols de rougets ou de graves. Associé au cabernet-sauvignon ou à la syrah, ce cépage donne naissance à des vins rouges et rosés qui sentent la violette, le cassis et la réglisse ; leur bouche souple se structure autour de tanins bien fondus. Lorsque la syrah prend de l'importance, les vins gagnent en puissance, en couleur et en notes de fruits noirs.

Le raisin aromatique

Si de nombreux cépages de cuve n'ont pour saveur que celle d'eau plus ou moins douce ou acidulée, il en est d'autres qui dévoilent une palette remarquable de notes aromatiques. Le seul nom de muscat évoque un raisin sucré et intensément parfumé dans tous les vignobles du pourtour méditerranéen.

Naissance d'un arôme

Ce n'est pas parce que le vin est fait de jus de raisin que les arômes du vin sont ceux du raisin. Toutefois, il existe des exceptions ; ainsi du muscat, dont le parfum naturel se manifeste pleinement. Ses vins blancs secs ou doux, ou encore ses vins doux naturels laissent poindre une note de raisin : il s'agit bien d'un arôme primaire. Le chasselas, qu'il soit de Moissac (et bénéficiaire d'une appellation d'origine contrôlée en raisin de table), ou bien d'ailleurs, charme également par son caractère fondant et goûteux, quoique plus simple. Quant à l'arôme de raisins secs, il est surtout décelable – et délectable – dans des vins blancs issus de vendanges passerillées, botrytisées ou simplement surmûries et tardives. Dans ce cas, il s'agit d'un arôme tertiaire (fruits secs), apparu au cours du vieillissement.

Découverte au naturel

Parmi les cépages du genre *Vitis vinifera*, la famille des muscats est la plus connue pour ses qualités aromatiques. Certaines variétés sont utilisées pour la vinification, tels le muscat blanc à petits grains, avec ses notes de rose et de bois de rose, le muscat ottonel et le muscat d'Alexandrie ; d'autres sont essentiellement destinées à la table, comme le muscat du mont Ventoux, qui sert également à l'élaboration d'une eau-de-vie remarquable, notamment à Buis-les-Baronnies, dans la Drôme.

Alors que les vignes sauvages ne possèdent qu'un goût herbacé, des saveurs originales se libèrent de cépages peu connus en Europe, mais depuis longtemps vendangés sur le continent américain. Les *Vitis Labrusca* et *Vitis Labruscana* se distinguent ainsi par un goût framboisé, dit « foxé », qui provient de la dégradation des acides aminés soufrés. Il est vraisemblable que des molécules comme le 3-mercapto-hexyl interviennent pour conférer cette touche si particulière.

... Et dans les vins

Qu'ils soient de Rivesaltes ou d'Alsace, de Frontignan, de Lunel ou de Saint-Jean-de-Minervois, de Rasteau ou de Beaumes-de-Venise, les muscats se reconnaissent à leur parfum délicieusement floral qui se développe rapidement. Le cépage rouge aleatico est une curiosité à découvrir au sud de l'Italie, dans la production des Pouilles (aleatico di Puglia), dans celle du Latium (aleatico di Gradoli), ainsi que sur l'île d'Elbe (aleatico dell'Elba). Il dévoile une nuance musquée délicate et plaisante qui transparaît dans la palette des vins. On le retrouve en Corse, bien qu'il ne soit pas admis dans l'encépagement des appellations d'origine contrôlée de l'île. Sur la côte Est des États-Unis, le cépage noir concord, semis de *Labrusca*, doit sa notoriété au puissant arôme foxé de son jus rose pâle ; il est ainsi diversement présenté aux consommateurs, en raisin de table comme en jus de raisin frais, ou encore vinifié dans tous les styles (secs, doux, tranquilles ou effervescents).

Les arômes de raisins secs habitent les bouteilles de liquoreux ou moelleux : jurançon et monbazillac dans le Sud-Ouest, porto blanc, sauternes-barsac et, plus encore, vins de paille du Jura ou de l'appellation rhodanienne hermitage. Ces derniers sont élaborés à partir de grappes de raisins séchés sur des claies de paille. Ceux du Jura proviennent des cépages poulsard, trousseau, chardonnay et savagnin ; ils bénéficient d'un vieillissement de trois ans, dont dix-huit mois sous bois. Ceux de l'AOC hermitage naissent de la marsanne associée à une faible part de roussanne ; ils sont élevés pendant dix-huit mois avant leur commercialisation. Les vins de vendanges tardives ou de sélection de grains nobles, comme les tokays hongrois, déclinent aussi ces nuances de raisins secs.

Mémoriser

Pour mémoriser le parfum de muscat, humez des fleurs de sureau fraîchement écloses. Autrefois, certains fraudeurs utilisaient les corymbes de cet arbre afin de transformer des vins plats en muscats plaisants... Le sirop de sureau permet de confectionner des kirs gourmands avec du champagne brut. Entraînez-vous à définir l'arôme des raisins secs en pratiquant des jeux de reconnaissance à l'aveugle : gros raisins noirs de Malaga (muscat d'Alexandrie) dans leur emballage triangulaire, petits raisins dorés de Smyrne ou de Corinthe, sultanine.

Le vin de paille du Jura

Antique pratique romaine développée dans les régions où le passerillage sur souche est impossible faute d'arrière-saisons favorables, le séchage des raisins sur claies, sur lit de paille ou en suspension dans des greniers permet un enrichissement des moûts en sucres. Dans le Jura, le vin de paille est une rareté qui explose en arômes d'abricot sec, de raisins de Corinthe et d'épices rares. La bouche possède une grande richesse, mais garde toujours une vivacité rafraîchissante.

Les agrumes

Cuisine, parfumerie, vin... Les arômes d'agrumes séduisent par leur pointe fraîche enveloppée dans une douceur tout orientale. Ils sont l'apanage des grands vins blancs, secs ou doux. Les parfumeurs préfèrent parler d'hespéridés, en assimilant ces fruits aux pommes d'or qu'Héraclès avait ravies dans le jardin enchanté des Hespérides. Une poésie que les vignerons savent également transmettre.

Naissance d'un arôme

Les molécules responsables du parfum des agrumes sont présentes dans les analyses chromatographiques de nombreux vins. Ce sont le plus souvent des composés de la famille des terpènes. Lorsque le dégustateur évoque un arôme d'orange, il doit rechercher précisé-

Mémoriser

Le meilleur exercice de mémorisation de l'arôme d'orange consiste à déguster un verre de Cointreau. Vous percevrez toutes les senteurs successivement ou simultanément. En hiver, livrez-vous à une dégustation familiale d'oranges du Brésil, d'Israël, du Maroc ou d'Espagne, ou encore de sanguines de Malte et d'oranges amères de Séville. Vous confectionnerez aussi de jolis pommanders en piquant de clous de girofle des oranges, puis en les roulant dans de la poudre de racine d'iris pour en fixer les parfums. Quant au citron et au pamplemousse, la sensation fraîche qu'ils procurent est le résultat d'un accord olfactogustatif entre les arômes du limonène, du citral et de quelques autres molécules, et l'acidité de l'acide citrique. Les parfumeurs ne s'y sont pas trompés : le charme de quelques créations récentes réside dans les effluves de pamplemousse, tel *Pamplelune* de Guerlain.

ment sa nature : s'agit-il d'une note de jus d'orange, suave et franche, de zeste d'orange, plus agressive, d'orange douce ou d'orange sanguine ? Il existe en effet un grand nombre de molécules décelables aussi bien dans les huiles essentielles d'orange que dans le vin. La plus importante en quantité est certes le limonène, mais elle n'est pas la plus pertinente lors de l'analyse olfactive. Les molécules qui confèrent des senteurs de citron (limonène, citronellol et citral) apparaissent dès le début de la vinification. Si le citron semble un arôme simple, il n'en est pas de même du pamplemousse. Sur la même base moléculaire, celui-ci comprend des molécules beaucoup plus rares et intenses – la nootkatone et le menthofurane – qui lui confèrent un caractère soufré particulier, légèrement animal et minéral. Pour vous en convaincre pressez un poméló, grattez la couche blanche de la peau, appelée albédo : une odeur soufrée vous fait froncer le nez.

Découverte au naturel

Le terme d'agrume, emprunté à l'italien, vient du latin médiéval *acrumen*, qui désignait une saveur âcre. Il recouvre toutes les espèces cultivées du genre *Citrus*, ainsi qu'un grand nombre de variétés et de cultivars résultant d'hybridations. Originaires du sud-est de l'Himalaya et du nord de la Birmanie, les arbres qui portaient ces fruits parfumés se sont répandus, il y a très longtemps, en Asie, mais leur introduc-

tion en Europe fut assez tardive : le citronnier fit son apparition dans le bassin méditerranéen au XIIe siècle ; l'oranger y fut cultivé seulement trois siècles plus tard ; quant au mandarinier, il ne fut planté qu'au siècle dernier. Le cédrat, la limette ou limonette restent rares sur nos marchés.

Le cédrat, au parfum subtil, fera peut-être un jour son retour dans nos maisons grâce à l'Inra de Corse.

Le tokay

Élaboré à partir des cépages furmint et hárslevelü cultivés sur sols volcaniques, le tokay est le vin liquoreux historique d'Europe. Les raisins botrytisés sont cueillis grain à grain, puis transformés en une pâte qui vient enrichir le vin sec.

Suivant le nombre de seaux de pâte ajoutés au vin (les *puttonyos* qui se comptent de un à six), le vin obtenu est plus ou moins riche en sucre. Élevé en barrique, il prend des notes de zeste d'orange confit, d'abricot sec, d'épices orientales. Son équilibre entre liqueur et vivacité approche la perfection.

Ce fruit connut son heure de gloire sur l'île de Beauté, mais son prix élevé incita les parfumeurs à le remplacer par des produits de synthèse. La fragrance de la limette n'est guère prisée en France et l'on évoque souvent les produits d'entretien en sentant son arôme. Elle est en revanche appréciée en Amérique centrale et aux États-Unis.

... Et dans les vins

Un certain nombre d'arômes de type hespéridé sont facilement perceptibles dans des vins blancs jeunes. L'arôme de zeste d'orange frais se manifeste parfois dans des vins rouges, notamment les bordeaux et les vins issus du cépage italien teroldego rotaliano, cultivé dans le Trentin. L'arôme de zeste d'orange confit est beaucoup plus fréquent. Il signe les vins blancs moelleux et liquoreux, qu'ils proviennent des aires d'appellation sauternes dans le Bordelais, monbazillac ou encore jurançon dans le Sud-Ouest, montlouis, vouvray, coteaux-du-layon et quarts-de-chaume en Touraine. Au cours de l'élaboration et, surtout, du vieillissement de ces crus, les molécules responsables des arômes de fruits frais se modifient, s'oxydent et créent des notes puissantes d'agrumes confits. Les grands vins liquoreux allemands et autrichiens constituent de parfaits exemples : l'arôme de zeste confit contraste avec leur belle minéralité et leur vivacité. Au cœur de la palette

des tokays de Hongrie, cette note est évidente.

Dans les grands vins moelleux ligériens de chenin, l'orange épouse le coing et flirte avec l'acacia. Les macvin-du-jura, vins de liqueur mutés au marc de Bourgogne et vieillis en fûts, n'ignorent pas ces nuances. Parmi les vins doux naturels, certains muscats-de-rivesaltes particulièrement bien structurés développent une gamme de litchi, de pomélo, de pêche et d'abricot, avec une touche d'orange confite qui se marie à la fleur d'oranger et à la citronnelle.

Les vins au nez citronné, un peu vifs, trouvent d'excellents représentants dans l'alsace-sylvaner, ainsi que dans certains vins de Savoie, de Suisse et des bords de Loire, nés du chasselas. Le zeste de citron jaune confit se retrouve aussi dans les vins de viognier de la vallée du Rhône et dans le riesling grand cru alsacien. Le citron vert ne se rencontre que dans de vieux rieslings. L'arôme de pamplemousse se décèle dans des vins blancs empreints de fraîcheur : muscadet-sèvre-et-maine, gaillac à forte proportion de len-de-l'el, minervois influencé par le macabeu. De grands vins blancs complexes et de longue garde, tel le pessac-léognan, l'évoquent parfois. Certains coteaux-du-layon sont marqués par le pamplemousse, comme, à l'autre extrémité du spectre des vins blancs, quelques champagnes blancs de blancs (élaborés à partir du seul chardonnay) parvenus à leur apogée.

Mais les plus beaux arômes de pamplemousse se découvrent dans les vins de sauvignon, tel le menetou-salon produit en Centre-Loire, dont la palette d'agrumes se mêle à la menthe, à l'acacia et à la fougère. En Bourgogne, le saint-bris, souvent minéral, se plaît à accorder le pamplemousse, les fleurs blanches, l'amande et le bourgeon de cassis. Des accents que le cépage sauvignon préserve jusque dans les vins de Nouvelle-Zélande.

Le riesling allemand
Cultivé sur les pentes abruptes des rives de la Moselle, aux sols de schistes purs, le riesling entre dans le panthéon ampélographique. L'équilibre de ses vins résulte d'un taux d'acidité élevé et d'un degré alcoolique faible. Les arômes d'une grande délicatesse – fleurs blanches, pêche et notes minérales intenses – s'inscrivent sur un fond citronné. Ces vins qui naissent dans la légèreté peuvent vieillir avec beaucoup de grâce, en prenant de l'étoffe et cet inimitable accent minéral qui signe les grands terroirs.

Les fruits rouges
La cerise

Charme indéniable
des vins de pinot noir,
l'arôme de cerise est
le point commun des crus
de Bourgogne. Il n'en
signe pas moins la palette
de nombreux vins rouges
d'autres origines.
Le dégustateur recherche
les nuances évocatrices
des multiples variétés
de cerises, douces
ou acides.

Naissance d'un arôme

Le fruit du cerisier contient de
l'acide succinique lorsqu'il n'a pas
encore atteint sa maturité, puis
gagne en acide malique. L'arôme
de cerise résulte d'un accord entre
une note de fruits rouges et une
note de noyau. Dans le vin, il naît
vraisemblablement au début de la
fermentation malolactique, au
moment où le caractère fruité
apparaît et que les arômes primaires
sont encore bien présents. L'alcool
dû à la fermentation levurienne
extrait le parfum de cerise tout en
l'amplifiant ; il est aisé de le constater dans une coupe de cerises à
l'eau-de-vie. Cette hypothèse se

vérifie en dégustant des vins rouges jeunes et en les analysant par chromatographie phase gazeuse. Le benzaldéhyde, qui est responsable de l'arôme de cerise et surtout de son noyau, est détecté en tête de chromatographie.

Découverte au naturel

L'équilibre des saveurs de la cerise est né de divers croisements entre les espèces sauvages *Prunus avium*, le cerisier des oiseaux ou merisier, aux fruits doux, et le *Prunus cerasius* aux baies acides. Certaines variétés sauvages se dégustent telles quelles, notamment la guigne issue du merisier et connue sous les noms de bigarreau, napoléon ou de cœur-de-pigeon. D'autres conviennent davantage à la conservation dans l'alcool : ce sont les griottes aigrelettes, ainsi que les merises qui, une fois distillées, donnent naissance au kirsch. Le jardinier connaît aussi le cerisier mahaleb, ou bois de Sainte-Lucie, excellent porte-greffe aux fruits très petits, riches en arôme d'amande amère et dont les minuscules noyaux, moulus, sont utilisés comme épices dans certaines recettes de pain ou de desserts d'Afrique du Nord et du Liban.

... Et dans les vins

Il n'est pas rare de retrouver l'arôme de cerise dans des bordeaux rouges jeunes, qu'ils soient des Graves, de Saint-Émilion ou du Médoc. En Bourgogne, le parfum de la cerise met davantage de temps pour se développer. Ce sera le fait de grands vins nobles, évoquant en particulier la cerise noire, dans la Côte de Nuits. Le pinot noir appose ainsi sa signature aromatique dans des vins d'autres origines, comme ceux de l'Oregon, aux États-Unis, avec des nuances selon le terroir et la maturité du raisin.

L'arôme de cerise noire se retrouve parfois dans des vins italiens (à Barolo ou à Barbera d'Asti, par exemple, ainsi que dans le Chianti

Mémoriser

Il existe de nombreuses spécialités apéritives à base de cerise, comme le Guignolet, dont le parfum naît de la macération de la pulpe, de la peau et des queues de ce fruit, ou le Marasquin, élaboré par distillation et marqué par des notes de noyau évocatrices d'amande amère. L'arôme de cerise à l'eau-de-vie se fond avec celui d'autres fruits rouges : il vous suffit d'élaborer une salade de framboises parfumée par quelques gouttes de kirsch pour vous en convaincre. Il forme aussi un accord délicieux avec le chocolat. Les cerises livrent en outre tous leurs arômes lorsqu'elles sont conservées dans du vinaigre. Vous les utiliserez crues, en guise de condiment, ou cuites, en accompagnement d'un gibier et même d'un foie gras. La soupe de cerises (au vin rouge) est une recette traditionnelle de la gastronomie allemande.

Classico) ou pyrénéens (cahors et madiran) déjà bien évolués, ainsi qu'aux antipodes dans des vins australiens de cabernet-sauvignon et argentins de malbec. En revanche, en Beaujolais, les vins friands des crus brouilly ou morgon n'attendent guère pour offrir des arômes de cerise croquante et juteuse. Étonnamment, la griotte se glisse avec naturel dans des vins doux naturels jeunes à forte proportion de grenache (maury, banyuls) et dans de grands portos.

Le griotte-chambertin
L'un des grands crus de la commune de Gevrey, tout près du chambertin, griotte-chambertin, dont le nom vient de « crais », type de sol, et non du fruit, est pourtant célèbre pour ses notes de cerise noire. Sur les sols pierreux qui recouvrent le calcaire du bajocien dans une topographie en cuvette, le pinot noir développe à la fois force et finesse. Sa palette décline fruits rouges et noirs, réglisse. Les tanins possèdent toujours un grain soyeux et la longueur en bouche est remarquable.

Les fruits rouges
La framboise

Subtil mais franc, l'arôme de framboise évoque les bonbons
et les confitures maison. Il est indubitablement l'un des caractères
les plus aisés à détecter dans la palette des vins rouges ou rosés.

Naissance d'un arôme

L'arôme de framboise fait partie de la famille fruitée, et plus particulièrement des notes de fruits rouges qui caractérisent les vins rouges dans leur jeunesse. Son origine réside dans la molécule frambinone, officiellement dénommée para-hydroxy phénylbutanone. Les nuances de framboise apparaissent lors de la vinification et s'inscrivent ainsi dans la gamme des arômes secondaires.

Découverte au naturel

La framboise est le fruit d'un petit arbuste de la famille des Rosacées, dont le nom latin *Rubus idaeus* (ronce du Mont Ida) rappelle sa découverte en Turquie lors des croisades. Par ses feuilles et ses fruits, le framboisier des montagnes de basse et moyenne altitude évoque le roncier et ses mûres. La saveur des baies fait la synthèse entre douceur et acidité pour procurer une sensation de fraîcheur.

... Et dans les vins

L'arôme de framboise participe au nez du beaujolais nouveau et se lie intimement à la banane et au bonbon anglais. La vinification par macération carbonique est à l'origine de cette gamme caractéristique. Mais là ne s'arrête pas la liste des vins offrant cette nuance. De nombreux cépages, autres que le gamay noir du Beaujolais, paraphent les vins d'une telle note. Ce sont le pinot noir et le pinot meunier, cépages de la Bourgogne et de la Champagne ; dans ce dernier

terroir, plus connu pour ses vins effervescents, les vignerons vinifient le raisin en vins rouges tranquilles d'appellation coteaux-champenois. Lorsqu'il est bien mûr, le cabernet franc produit des vins marqués par la framboise et la violette dans des aires viticoles aussi éloignées que celle de saint-émilion dans le Bordelais et celle de bourgueil en Touraine.

En Italie, le terubego, ou teroldego, est à l'origine du vino da tavola di Mezzolombardo, dont le nez évoque la confiture de framboises. Le dégustateur retrouve le parfum de la framboise dans les vins rosés issus du cépage cinsault en Provence, dans la vallée du Rhône et dans le Languedoc. S'il est caractéristique des vins rouges, l'arôme de framboise apparaît aussi dans de rares vins blancs :

Mémoriser

Quoi de plus facile que de mémoriser l'arôme de framboise... Il existe tant de produits gourmands à base de ce petit fruit : eau-de-vie élaborée en Alsace et en Forêt-Noire allemande, crème de framboise qui, mêlée à du champagne, donne un kir royal, framboises à l'eau-de-vie servies en poussecafé, vinaigre de framboise avec lequel vous déglacerez les sucs savoureux d'une escalope de foie gras poêlée, sans oublier les desserts simples et élégants, comme la macédoine de framboises, de fraises et de groseilles au champagne, servie frappée.

la framboise sauvage fut ainsi citée lors de la dégustation d'un vouvray de seize ans d'âge. Il peut apparaître dans de grands bourgognes blancs lorsque le raisin a été vendangé à parfaite maturité. Un arôme framboisé franc, parfois même violent, caractérise le zinfandel en Californie. Si la vendange est bien concentrée, les vins de ce cépage, très généreux, peuvent vieillir harmonieusement : la note de framboise prend dès lors des accents plus compotés et épicés.

Le bourgueil

Sur la rive droite de la Loire et sur des sols qui se partagent entre tuf et graves, l'aire de bourgueil fait la part belle au cabernet franc. Lorsque la maturité est au rendez-vous, le vin de ce cépage abandonne les notes de poivron vert pour offrir un fruité éclatant, rappelant la framboise ou la cerise, avec des touches de réglisse. Subtil et élégant en bouche, il s'exprime différemment selon les terroirs : plus puissant et tannique lorsqu'il provient de tuf, plus léger et vif lorsqu'il naît de graves.

Les fruits rouges
La fraise et la groseille

Reine des fruits rouges, la fraise signe certains vins rouges âgés, mais apporte aussi une note de gaieté à de friands rosés, en accompagnement de la groseille. Frais ou surmûri, son arôme naît d'une large variété de cépages.

Naissance d'un arôme

La note de fraise apparaît dans le vin après la reprise de la fermentation, lorsque les bactéries se mettent au travail et qu'a lieu la fermentation malolactique. La fraise est ainsi un arôme secondaire, de type lactique : il suffit de humer du lait fraîchement tourné ou encore du *mascarpone* pour s'en convaincre. Cependant, le dégustateur l'inscrit dans la famille des fruits rouges ou des fruits des bois. La note de fraise mûre se rencontre de manière caractéristique dans les cahors : la molécule responsable de cette senteur se nomme aldéhyde hexadécilique. Si le furanéol est à l'origine de l'odeur de fraise légèrement confiturée, aucune molécule n'a été clairement identifiée comme l'agent responsable de l'arôme de groseille. Celui-ci, généralement perceptible dans les vins rosés, est un arôme primaire qui se marie bien avec une certaine acidité. Dans certains cas, cependant, l'arôme de groseille peut être associé à une impression de sous-maturité, comme si le fruit rouge était resté légèrement acidulé.

Découverte au naturel

Deux plantes produisent les fraises gourmandes que nous connaissons aujourd'hui : les fraises des bois (*Fragaria vesca*), endémiques à l'Europe, et les grosses fraises cultivées qui dérivent d'espèces importées du continent américain, notamment du Chili et de Virginie. Les fraisiers des bois sont à l'origine des fraisiers des quatre-saisons remontants. C'est à partir de ces primitifs que l'Inra a pu créer par hybridation la garriguette et la mara des bois, extrêmement goûteuses. Le groseillier est le frère du cassissier. Les groseilles rouges sont les plus acides, tandis que les blanches permettent de confectionner d'excellentes confitures.

... Et dans les vins

La fraise présente des nuances multiples selon la couleur et les styles de vins. Ainsi, l'arôme de fraise confiturée marque-t-il les vins rouges âgés issus des cépages pinot noir (vins de la Côte de Nuits, arbois, alsace), gamay noir et merlot. Il se manifeste également dans les vins doux naturels et les vins de liqueur, tels que les banyuls, porto, pineau-des-charentes ou floc-de-gascogne rosés.

Le parfum de la fraise toute fraîche se perçoit à la dégustation de vins rouges d'origines diverses : saint-amour, médoc, échézeaux, morey-saint-denis, lirac, tavel, chinon, *etc.* Il s'agit d'un signe de qualité. En Italie, le freisa d'Asti, cépage piémontais, produit un délicieux vin rouge, parfois pétillant (*frizzante*). Dans la même région, une touche de fraise adoucit parfois le nez puissant que le barbaresco tient du nebbiolo. Un autre cépage piémontais, le grignolino, également cultivé en Californie, donne naissance à des vins marqués par des notes de fraise. Dans le Sud-Ouest, les côtes-du-frontonnais à forte proportion de négrette tire sur les fruits rouges frais (fraise et framboise) au début de leur existence.

Les notes mêlées de groseille et de fraise, légèrement acidulées, caractérisent essentiellement les vins rosés, parmi lesquels les rosés d'Anjou issus des gamay noir et grolleau, et les fiefs-vendéens. En Provence, le bandol rosé doit sa personnalité à l'association mourvèdre-grenache-cinsault. Si le mourvèdre lui assure structure et longévité, le grenache

Mémoriser

La fraise donne lieu à une infinité de desserts qui vous permettront de garder le souvenir de son arôme : tartes aux fraises, glaces, confitures, fraises Melba, simples fraises au sucre ou à la crème, mariées à toutes sortes de fruits. Dégustez aussi l'incroyable confiture de groseilles épépinées de Bar-le-Duc pour compléter votre « bibliothèque des saveurs ».

et le cinsault lui apportent dès sa jeunesse ses arômes fruités mûrs, dont la fraise écrasée. En Espagne, le rioja et le navarra rosés, à base de grenache, séduisent par leurs touches de fraise et de framboise. Les arômes de groseille les plus développés apparaissent dans les vins rosés à majorité de cinsault, avant que leur palette ne prenne des accents de noisette typiques.

Le côtes-de-provence rosé
Grenache, cinsault, syrah, mouvèdre et tibouren se partagent l'encépagement des côtes-de-provence pour la production de vins rosés. Ils sont cultivés dans plusieurs zones, dont le littoral, la grande dépression permienne ou la montagne Sainte-Victoire, sur des sols très divers qui vont du grès au calcaire, en passant par des marnes et des éboulis. Les vins, aromatiques, offrent des palettes variées, mais ils évoquent toujours le fruit rouge et notamment la fraise. S'y associent des notes de fleurs sauvages, de fenouil, voire de pin ou de garrigue. La bouche est ronde, bien équilibrée.

Le cassis

L'arôme de cassis souligne avec élégance les vins rouges de la Bourgogne, de la vallée du Rhône, de la Loire et du Bordelais. Il s'associe à d'autres fruits rouges et noirs pour créer une harmonie complexe. Dans les vins blancs, son expression délicatement végétale signe le cépage sauvignon.

Naissance d'un arôme

Il existe deux arômes de cassis. Le plus courant est celui du fruit, un peu confituré, du type gelée de cassis, perceptible dans les vins rouges.

Arôme secondaire, il provient de la fermentation malolactique. Le second caractère, végétal, s'apparente au buis et caractérise les vins blancs issus du sauvignon : il s'agit

d'un arôme primaire, dont la molécule appartient à la famille des méthoxy-pyrazines. Celle-ci est proche de l'isobutyl méthoxypyrazine qui confère l'arôme de poivron vert au cabernet franc et au cabernet-sauvignon. Cette similitude ne saurait surprendre le généticien, puisque ces deux cépages sont proches du sauvignon. Le cabernet-sauvignon peut lui aussi offrir des senteurs de bourgeon de cassis.

Découverte au naturel

Le cassissier (*Ribes nigrum L.*) appartient à la même famille que les groseilliers. Son nom apparaît dans les pharmacopées à partir du XVIIe siècle : si les baies à la saveur acidulée possèdent une haute teneur en vitamine C, les feuilles, utilisées en tisane, sont riches en vitamines C et P, ainsi qu'en éléments minéraux, en acide quinique et en tanins. On élabore une boisson tonique en faisant infuser deux poignées de feuilles fraîches dans un litre de vin, rouge ou blanc, avant de filtrer et d'édulcorer selon son goût. Les bourgeons de cassis constituent une matière première importante en parfumerie.

... Et dans les vins

Est-ce un hasard si c'est en Bourgogne, région où les cassissiers abondent, que les vins rouges livrent un nez de cassis ? Le pinot noir s'exprime ainsi dans sa jeunesse et plus encore s'il provient de sols calcaires. Cet arôme n'est certes pas le plus intense, mais il persiste dans les vins de garde. Dans le Sud-Ouest, le dégustateur perçoit le cassis dans des vins provenant de plusieurs vignobles : côtes-du-frontonnais-Villaudric,

marcillac (grâce au cépage fer-servadou) et cahors notamment. Le cabernet-sauvignon pourrait bien être responsable de cet arôme dans les vins rouges du Bordelais comme d'Afrique du Sud ou de Californie. Dans la vallée du Rhône septentrionale, la syrah sait elle aussi décliner les notes de fruits noirs en côte-rôtie ou en hermitage, tandis qu'en Languedoc ou en Australie, les vins de ce cépage prennent des accents de cassis plus confituré. Les vins blancs secs du Bordelais ou de la Loire (sancerre) issus du sauvignon évoquent une autre facette du cassis : l'odeur du bourgeon, subtilement végétale. Cet arôme signe une vendange mûre et saine,

Mémoriser

Outre les préparations gourmandes auxquelles se prête encore le cassis (liqueurs, confitures et gelées, bonbons et pâtes de fruits), vous trouverez dans les herboristeries des grains séchés de ce fruit. En Tchéquie, les baies servaient jadis à embaumer les savons qui, conservés dans les armoires, parfumaient à leur tour le linge. Pour apprécier l'arôme du bourgeon de cassis, attendez le mois de décembre. Prélevez doucement un bourgeon et écrasez-le entre les ongles du pouce et de l'index. Vous serez surpris par la puissance de l'odeur, à la fois verte, fruitée et animale.

contrairement à la note de pipi de chat typique d'un raisin vert. Apanage de la jeunesse, il disparaît assez rapidement au cours du temps. Les pouilly-fumé issus de sols à dominante calcaire (les fameux « cris ») dévoilent une vaste gamme de senteurs, au sein de laquelle le bourgeon de cassis a la part belle.

Le marcillac
Dans l'austère paysage de l'Aveyron, le « vallon » est un îlot viticole historique : les moines de Conques y cultivaient la vigne au Moyen Âge. Bien protégé des vents froids, ce cirque naturel, avec ses terrasses de rougiers, porte le cépage mansoi, ou fer-servadou. Original, celui-ci donne naissance à des vins colorés, aux arômes de cassis prononcés, de bourgeon de cassis lorsque la maturité est moins avancée, mêlés à des notes végétales comme la menthe. Les vins sont tanniques, puissamment épicés et poivrés, parfois un peu rustiques, mais leur caractère aromatique les distingue entre tous.

Les fruits sauvages
La mûre et la myrtille

La mûre et la myrtille offrent des parfums légers et délicats. Ces petits fruits des bois signent les vins dès leur jeunesse, rouges charpentés et rosés de table. Ils leur apportent un petit air sauvage et un charme certain.

Naissance d'un arôme

La note de fruits sauvages est sans doute un arôme secondaire, qui se développe lors de la fermentation. Toutefois, la rafle de certains cépages pourrait également être à l'origine de tels effluves qui s'inscriraient dès lors parmi les arômes primaires. En effet, les nuances de mûre et de myrtille sont souvent liées à la présence de tanins et ont tendance à disparaître assez rapidement. Bien des parfumeurs ont tenté de capter le parfum de la mûre, sans pouvoir utiliser les extraits naturels, mais une molécule appelée oméga-pentadécalactone.

Découverte au naturel

La myrtille, *Vaccinium myrtillus L.*, colonise les sols acides, que ce soit dans les bois, en montagne ou en plaine dans le nord et l'ouest de la France. Le fruit est une baie pruineuse, assez petite en Europe, beaucoup plus grosse au Canada, dans la province du Québec, où il est appelé « bleuet ». La saveur acidulée laisse place à une douceur bien équilibrée en bouche.

La mûre sauvage, ou mûron, est le fruit de la ronce. Outre la ronce à fruits noirs et la ronce bleue, aux baies couvertes de pruine, il existe un arbuste distinctif : le mûrier (*Morus nigra*), longtemps cultivé pour nourrir de ses feuilles les élevages de ver à soie. Ses mûres, quoique comestibles et rafraîchissantes, n'ont que peu d'arôme.

... Et dans les vins

Les arômes de fruits noirs caractérisent les vins rouges dès leur prime jeunesse. Cependant, de grands vins rouges du Piémont italien offrent des « festins » de fruits noirs, alors qu'ils sont à même de traverser une décennie.

La note de mûre signe la palette de vins rouges tanniques. Dans le sud-est de la France, le cépage syrah et surtout le mourvèdre apportent au vin un arôme subtil évocateur de confiture de mûres, signe de qualité. En Languedoc-Roussillon, où le mourvèdre reconquiert un terrain perdu lors de la crise phylloxérique, les vins rouges dévoilent de tels parfums dans une gamme épicée par la syrah. L'arôme de mûre atteint aussi une concentration étonnante dans les vins de carignan vinifié seul.

Lorsqu'il est majoritaire dans l'assemblage, le merlot confère des arômes de fruits sauvages. Ainsi en Bordelais des saint-émilion ou des pomerol, ou dans le Sud-Ouest de certains cahors et, plus encore, des madiran jeunes.

En Bourgogne, aloxe-corton et mercurey livrent des flaveurs de mûres et de myrtilles lorsqu'ils n'ont encore que trois à cinq ans. Sur les bords de la Loire, le cabernet franc confère aux vins rouges de saumur-champigny et de chinon ces senteurs à la fois boisées et estivales. Aux antipodes, une étude menée en Australie sur des vins monocépages de shiraz (synonyme de syrah) a démontré que le type de taille et le rendement de la vigne exerçaient une certaine influence sur le profil aromatique du vin. Les vignes de la Barossa Valley, en Australie-Méridionale, sont sévèrement taillées et ont un faible rendement. Les arômes épicés sont peu présents dans les vins obtenus, alors

Mémoriser

Pour mémoriser le subtil arôme de la myrtille, recherchez l'extraordinaire confiture de « bleuets » séchée au four que confectionnent les Québécois, un délicieux sirop de myrtilles du Jura ou bien des pâtes fraîches aux myrtilles. Lors de la cuisson de la confiture de mûres, l'arôme du fruit de la ronce envahira délicieusement la maison.

que les notes de mûre, de cuir et d'humus y sont affirmées. À l'opposé, la shiraz du Coonawarra livre des nuances poivrées et mentholées dominantes. Le rendement de ces vignes est important car les producteurs ne pratiquent pas de taille sévère. De plus, le terroir de *terra rossa*, terre rouge argilo-calcaire, marque les vins de son empreinte.

Le madiran

Sur les coteaux argilo-calcaires ou graveleux qui dominent la vallée de l'Adour, le vignoble s'est développé autour de l'abbaye de Madiran qui accueillait les pèlerins de Compostelle. Le tannat représente le cépage roi. Doué d'une puissance inégalable, il est épaulé par le cabernet franc, le cabernet-sauvignon et le fer-servadou. Les vins très colorés, tanniques et charnus expriment dans leur jeunesse des notes de mûre, signe d'une excellente maturité. Dans d'autres conditions, c'est la framboise qui apparaît. L'évolution fait naître des arômes de cuir et de pain grillé.

Les fruits à noyau
L'abricot et la pêche

Fruits de l'été, les drupes savoureuses inventent le parfum du soleil. Certains vins blancs et rosés se parent de ces effluves variés et plus ou moins intenses selon le vieillissement des bouteilles dégustées. Pêche et abricot sont des arômes de grande qualité.

Naissance d'un arôme

La molécule commune à tous les fruits à noyau est le benzaldéhyde. Le parfum de l'abricot, très fragile, se compose d'un grand nombre d'esters complémentaires, parmi lesquels le butyrate d'isoamyl, l'acétate de benzyle, l'éthyle octanoate et l'éthyle phénylacétate. Mélange d'esters éthyliques, il n'apparaît que lors des fermentations et s'inscrit donc comme un arôme secondaire. Les molécules responsables de l'arôme de pêche appartiennent à la famille des lactones : elles participent au bouquet et ne sont généralement pas décelées dans les vins jeunes. Lorsque les notes caractéristiques de la fraîcheur disparaissent, elles font place à des nuances plus subtiles. Parmi les autres molécules qui engendrent des arômes de pêche, on retrouve des esters du linalol et du géraniol.

Découverte au naturel

L'abricotier (*Prunus armeniaca*) et le pêcher (*Prunus persica*), originaires de Chine où ils étaient cultivés trois mille ans avant notre ère, appartiennent à la famille des Rosacées. Ils offrent des fruits fondants, bien équilibrés entre sucrosité et acidité. L'abricot séduit l'œil par sa couleur orangée due à sa forte teneur en carotènes. Le Rouge du Roussillon qui apparaît sur les étals à la mi-juillet est particulièrement parfumé lorsque les producteurs lui ont laissé le temps de mûrir sur l'arbre. Les pêches admettent de nombreuses nuances aromatiques selon les variétés : pêche à chair blanche juteuse et cœur rouge, pêche à chair jaune sucrée, pêche de vigne légèrement râpeuse qui convient si bien à la cuisson au vin, nectarine et brugnon à peau lisse.

... Et dans les vins

L'arôme intense de l'abricot frais se manifeste dans les vins de la vallée du Rhône septentrionale, élaborés à partir du cépage viognier : ce sont par exemple les condrieu et château-grillet. Dans la Loire, le quarts-de-chaume connaît également cette note élégante qui s'associe à un nez de fruits bien mûrs. La flaveur miellée de l'abricot sec marque tous les vins blancs liquoreux au cours de leur évolution, tels les jurançon, les sauternes et les sainte-croix-du-mont. Elle constitue parfois la signature aromatique de la pourriture noble. La pêche accompagne l'abricot dans les vins rhodaniens issus de marsanne et de roussanne. Son parfum s'affirme dans les crus ligériens de chenin comme le savennières, après quatre ou cinq ans de garde. L'expression aromatique du chenin blanc présente souvent des notes de pêche soit lorsque son raisin a surmûri sur souche (vouvray moelleux), soit après un certain temps de garde et le développement du bouquet. D'autres cépages peuvent léguer un parfum de pêche : c'est ainsi qu'en Alsace, le gewurztraminer de vendanges tardives exprime les fragrances de la « prune de Perse ». Les vins doux ne sont pas les seuls à conférer cette impression aromatique si fine : les vins blancs secs de bellet, aux environs de Nice, provenant principalement du rolle et de l'ugni blanc, laissent parfois un sillage de pêche. En rosé, la pêche, comme le brugnon et la nectarine, ajoute au caractère savoureux des vins des côtes-de-provence, des côtes-du-frontonnais ou de tavel.

Mémoriser

Organisez une dégustation de drupes suivant leurs origines et leurs différents modes de séchage : abricots secs et fruits cueillis sur l'arbre ; pêches de vigne, légèrement astringentes, et pêches jaunes sucrées. Il existe quelques eaux-de-vie de pêche, souvent élaborées à partir du fruit à chair jaune, plus ferme mais moins goûteux. Les noyaux de pêche servent aussi à la fabrication de crèmes ou de liqueurs de noyau.

Le condrieu

Condrieu constitue le territoire historique du viognier, cépage blanc qui fait aujourd'hui une carrière internationale. Sur des sols sablo-granitiques, il exprime tout son potentiel, face au soleil, depuis les petites terrasses qui s'étagent sur le coteau pentu, comme suspendu au-dessus du Rhône. Les condrieu sont amples, suaves, de faible vivacité. Ils offrent non seulement des arômes d'abricot prononcés, mais aussi de délicates notes florales, telle la violette, des accents de miel et de fruits secs au vieillissement.

Les fruits à pépins
Le coing

La « pomme de Cydon », fruit du jardin des Hespérides, aromatisait dans l'Antiquité les vins les plus appréciés. Aujourd'hui, son arôme intense participe au charme des crus ligériens de chenin blanc parvenus à leur apogée et à celui d'autres grands vins moelleux vénérables.

Naissance d'un arôme

Le coing est un arôme secondaire, dont l'une des molécules d'origine pourrait être le diéthyl-sébacate, que l'on retrouve dans la fragrance du melon. La voie de synthèse serait une estérification de l'acide sébacique par l'éthanol produit lors de la fermentation levurienne. Cependant, la recherche sur ce métabolisme, qui se déroule lentement, n'en est qu'à ses balbutiements. Une condition nécessaire à ce processus serait une température stable.

Découverte au naturel

Venu de Perse, le cognassier (*Cydonia vulgaris Pers* ou *Pyrus cydonia L.*), de la famille des Rosacées, était déjà cultivé à Babylone, il y a quatre mille ans. Les Romains firent du coing un grand usage gastronomique : ils aimaient à le confire dans du miel car les arômes de ces deux ingrédients s'accordaient à merveille. Le coing, fruit préféré de Vénus, était alors appelé « pomme de Cydon », d'après une ville de Crète célèbre pour la qualité de sa production. Le parfum du coing frais présente, en effet, quelques similitudes avec celui de la pomme.

Cependant, sa chair est bien différente, ferme et acide même lorsque le fruit a été cueilli mûr. Il faut ainsi le cuire pour percevoir ses charmes. La pâte de coings constitue une friandise de tradition ancienne, déjà prisée au Moyen Âge. Appelée *membrillo* en Espagne, elle accompagne le fromage manchego dans un savoureux contraste sucré-salé. Les pépins du fruit, riches en pectines, permettent en outre de fabriquer gelées et entremets : *Le Ménagier de Paris,* rédigé aux environs de 1393 par un bourgeois de Paris, livre ainsi nombre de recettes à base de coing.

Dans l'Antiquité, les crus les plus appréciés des Romains, comme le falerne, étaient des vins blancs améliorés d'une préparation contenant du coing, du fenugrec (plante dont les graines servent de condiment) et un peu de racines d'iris : le *De Frutum.* Celle-ci était ajoutée à la vendange et le mélange macérait dans des amphores.

... Et dans les vins

Le coing caractérise les vins blancs déjà bien évolués et tout particulièrement ceux de chenin dans la vallée de la Loire. Ce cépage est à l'origine de vins secs, moelleux ou encore mousseux, typés par un nez de tilleul et de coing ; les vins de savennières, de la coulée-de-serrant et de la roche-aux-moines en témoignent. Dans la gamme des moelleux et liquoreux, les coteaux-du-layon-Chaume, les quarts-de-chaume et les bonne-

zeaux développent une nuance de coing après deux à quatre ans de garde. Dans le terroir du Saumurois, cet arôme se mêle à la pomme pour accompagner la ligne fraîche des vins mousseux.

L'action de la pourriture noble (*Botrytis cinerea*) fait apparaître des notes de coing non seulement dans les vins ligériens, mais aussi dans les monbazillac du Sud-Ouest, les sauternes, les barsac et les loupiac, les sainte-croix-du-mont et les cérons du Bordelais. Ce sont de grandes bouteilles issues du sauvignon, de la muscadelle et du sémillon, qui exhalent en outre un parfum de miel, de fruits secs et de vanille lorsqu'elles ont pris de l'âge. À noter cependant que les grands jurançon moelleux connaissent la même évolution aromatique, bien qu'ils ne soient pas botrytisés. Dans le registre liquoreux, les vins

Mémoriser

À partir d'octobre, les étals des maraîchers présentent ce joli fruit doré qui entre dans les préparations de pâtes de fruits ou de gelées. Autrefois, de savoureuses confiseries étaient confectionnées à partir d'un mélange subtil de plusieurs sortes de coings : les Cotignacs d'Orléans. Vous parfumerez également votre armoire à linge en y déposant ce fruit intensément odorant. Comparez son arôme avec celui de différentes variétés de pommes.

alsaciens de sélection de grains nobles, comme les Trockenbeerenauslesen allemands ou les tokays de Hongrie intègrent eux aussi le coing à leur palette.

Le chardonnay confère parfois un tel arôme au champagne, mais celui-ci peut trahir une maturité dépassée du vin.

Le coteaux-du-layon

Le long du cours du Layon, affluent de la Loire, règne un microclimat favorable au développement de la pourriture noble. Sur des sols principalement schisteux, le cépage chenin parvient à surmaturation et laisse le *Botrytis cinerea* concentrer ses raisins qui seront récoltés par tries successives. Ses vins liquoreux présentent un équilibre parfait entre acidité et sucrosité. L'arôme de coing est la signature du cépage, mais peuvent s'y mêler des notes florales, des accents de zeste d'agrumes, de fruits exotiques, de miel et d'abricot confit.

La pomme

Le fruit par excellence, légendaire et pourtant si familier... Pomme du jardin d'Éden ou pomme de discorde ? En dégustation, aucun doute n'est permis : cet arôme frais, tout en élégance, signe les vins blancs secs, tranquilles ou effervescents.

Naissance d'un arôme

L'un des nombreux composés de la note de pomme se retrouve dans l'arôme du raisin : il s'agit de l'acide malique, dont le nom fait référence au nom latin de la pomme. Celui-ci se transforme en malate d'éthyle et caproate d'éthyle, deux esters aux notes fruitées. Parmi les précurseurs de l'arôme de pomme verte, dont la molécule principale est le trans 2 hexénal, les chimistes distinguent surtout le cis 3 hexénol, à l'odeur de gazon fraîchement tondu. On le décèle en croquant un simple grain de raisin vert.

Un relent de pomme blette est, en revanche, un trait négatif dans le nez d'un vin. Il est symptomatique d'une oxydation excessive. Il peut déséquilibrer la gamme aromatique de tous styles de vins blancs, jusqu'aux champagnes trop mûrs.

Découverte au naturel

Malus domestica Borkh, de la famille des Rosacées, est issu d'une variété spontanée, commune dans la plus grande partie de l'Europe. Le mot pomme vient de *pomum*, soit tout simplement « fruit » en latin. Il s'agissait en effet d'un nom générique pour désigner les fruits

ronds, de même que *malum*. Aujourd'hui, il existe six mille variétés de pommes, parmi lesquelles cent cinquante sont véritablement répandues. Toutes ne livrent pas le même parfum, plus ou moins frais ou sucré : Granny Smith acidulée, pomme reinette douce et ferme, idéale pour une cuisson au four,

saupoudrée de cassonade et de cannelle, MacIntosh rouge, juteuse et parfumée, Golden bien équilibrée entre sucre et acidité...

... Et dans les vins

Les dégustateurs relèvent les nuances de ces pommes naturelles et savent les différencier dans les vins. L'arôme de pomme Golden, le plus courant et le plus facile à reconnaître, est caractéristique des vins blancs jeunes, parfois même encore en cours de fermentation. Pour s'en convaincre, il suffit de déguster un verre de vin « bourru », dont la fermentation vient à peine de s'achever. Cette note est ainsi présente dans les vins blancs primeurs, et fréquente lors de l'analyse olfactive des vins blancs de Savoie, des muscadets du pays nantais et des bourgognes blancs (chardonnay).

Le mauzac est l'un des cépages qui dévoilent les plus éclatantes notes de pomme Golden. Il est cultivé avec succès dans le Gaillacois, mais trouve une seconde aire de prédilection à Limoux, dans l'Aude, où il est surnommé « blanquette » en raison du duvet blanc qui couvre le dessous de ses feuilles. La dégustation d'un vin de blanquette méthode ancestrale, rendu mousseux grâce aux propres sucres du raisin, sans adjonction de liqueur, diffère singulièrement de la blanquette-de-limoux la plus répandue : la pomme s'impose en finesse dans la ligne fruitée du nez.

L'arôme de pomme reinette, plus subtil, se rencontre dans des champagnes issus de pinot meunier (blancs de noirs) ou dans les crus bourguignons de meursault et de chablis. La prédominance du chardonnay dans les assemblages champenois fait évoluer la gamme aromatique du champagne vers la pomme Golden. Cet arôme est encore plus marqué dans les vins qui ne subissent pas de fermentation malolactique.

Le riesling en Alsace et le sauvignon dans la vallée de la Loire donnent naissance à des vins racés et frais, au délicat nez de pomme verte dans leur jeunesse. Le vermentino corse qui offre à l'île de Beauté quelques-uns de ses plus beaux crus, associe arômes de pomme et de camomille. L'alliance de ces deux notes n'est pas si surprenante qu'il y paraît. En effet, comme le rappelle le nom espagnol de la camomille, *manzanilla* (*manzana* signifie pomme), le parfum de cette petite fleur aux vertus digestives évoque celui du fruit défendu.

Un excellent vin blanc muté espagnol, à base de palomino, est élaboré dans la région de Sanlúcar de Barrameda : la manzanilla. Il dévoile

Mémoriser

Goûtez différentes variétés de pommes pour mémoriser leurs arômes et leurs saveurs. Comparez-les avec des coings. Complétez la dégustation par des rondelles de pommes séchées, du sirop de pomme, des gelées et des pâtes, des jus, du cidre des diverses contrées celtes depuis l'Irlande et l'Angleterre jusqu'à la Galicie, en passant par la Normandie et la Bretagne, sans oublier les superbes cidres basques. Terminez par un fond de verre de calvados de Normandie.

au nez des nuances de pomme reinette. Dans la région proche de Cordoue, les fameux montilla-moriles, nés du cépage pedro ximénez, affichent également un fin parfum de pomme. Dans les deux cas, c'est le mode d'élevage sous un voile de levure (la *flor*) plus que le cépage qui apporte cette note oxydative.

Le gaillac moelleux

Le terroir du Gaillacois est multiple, argilo-calcaire sur la rive droite du Tarn, graveleux sur la rive gauche. Le mauzac se plaît dans les premières côtes. Ce cépage qui manque parfois d'acidité est complété par le len-de-l'el ou le sauvignon pour produire un vin sec. En revanche, lorsqu'il s'agit d'élaborer un vin moelleux, il se suffit à lui-même. Le gaillac moelleux, suave et aromatique, développe une note de pomme caractéristique qui peut aller jusqu'à la pomme au four, avec parfois une nuance de poire, toujours accompagnée de touches florales, épicées et miellées.

La poire

Fruit de l'automne, charnu et parfumé, la poire se décline en de multiples variétés aux noms savoureux. Son arôme trouve bien des affinités avec les vins blancs secs ou doux, et se marie aux flaveurs d'autres fruits à pépins, comme la pomme et le coing.

Naissance d'un arôme

L'arôme de poire résulte d'un mélange d'esters éthyliques et acétiques. Les esters naissent de la fusion d'un alcool et d'un acide. Cette réaction se produit à température ambiante, lentement, et son équilibre dépend intimement des facteurs physico-chimiques de l'environnement. Parmi les nombreux esters participant à l'arôme de poire, le chimiste distingue l'acétate d'iso-amyle, qui intervient aussi dans les arômes de banane et de bonbon anglais, ainsi que l'acétate de butyle, l'acétate d'héxyle, le pélargonate d'éthyle et le dodécanoate d'éthyle.

Ce dernier donne naissance à des notes séduisantes. La poire est un arôme secondaire, caractéristique de la famille des fruits à pépins du verger, et fort recherché.

Découverte au naturel

Le poirier (*Pirus communis L.*), de la famille des Rosacées, est cultivé en Europe depuis l'Antiquité. Au fil du temps, les variétés sélectionnées se sont multipliées. Quoique soumises au phénomène d'érosion génétique – c'est-à-dire à la diminution du nombre d'espèces cultivées dans les vergers –, quelques-unes restent bien connues. C'est ainsi que les marchés proposent ces jolies poires juteuses et sucrées Doyenné du Comice en novembre, Beurré Hardy en septembre, Conférence vers la fin septembre et le début octobre, Duchesse d'Angoulême d'octobre à novembre et, bien sûr, la Passe-Crassane qui emplit les coupes de fruits à partir du mois de janvier et séduit les papilles par sa chair jaune marbrée, légèrement acidulée et aux petits grains parfumés. La poire williams, dont les distillateurs élaborent une eau-de-vie savoureuse, est apparue en Angleterre à la fin du XVIIe siècle. Un certain Williams acheta des plants de l'arbre et en fit la célébrité. Cette poire délicieuse fut bientôt introduite aux États-Unis et largement diffusée par un pépiniériste, Enoch Bartlett. C'est sous ce nom qu'elle se répandit jusqu'en Californie et acquit ses lettres de noblesse.

... Et dans les vins

L'arôme de poire se rencontre essentiellement dans des vins blancs et notamment dans ceux de pinot gris, ce cépage apprécié non seulement en Alsace mais aussi en Allemagne et en Italie. Dans l'aire de Collio située au nord-est de l'Italie, à la frontière slovène, le pinot grigio produit un vin délicatement parfumé. En Alsace, une nuance de poire marque la palette des tokay-pinot gris moelleux et liquoreux, issus de vendanges tardives ou de sélection de grains nobles. De même, les vignerons du canton du Valais élaborent des vins doux à partir de baies surmûries de malvoisie (nom suisse du pinot gris) vendangées sur des terrasses vertigineuses : la palette aromatique, gourmande, associe le coing, les raisins secs et la poire.

Mémoriser

La poire williams est à l'origine d'une liqueur parfumée, dont l'intensité aromatique augmente lorsqu'elle est servie glacée. L'arôme de poire se marie si bien au chocolat que vous ne saurez résister à la dégustation d'une poire Belle-Hélène ou d'une tarte aux poires Bourdalou. « Entre la poire et le fromage », n'hésitez pas à associer roquefort ou tout fromage de brebis et poire. Un vin doux naturel comme le maury gagnera dans cette alliance un arôme de poire étonnant.

D'autres vins suaves jouent sur la douceur de la poire, tels les coteaux-du-layon, en Anjou, nés du cépage chenin. Après cinq ans de garde, ces bouteilles expriment généreusement l'aubépine et le seringa, la poire et la pêche, les agrumes et les fruits secs. Le chardonnay sait aussi flatter le nez du dégustateur par ses senteurs de poire dans les chablis grands crus comme dans les champagnes blancs de blancs.

Le collio

La partie de la Vénétie qui touche la frontière slovène est l'une des meilleures régions productrices de vins blancs d'Italie, avec celle du Frioul. L'aire d'appellation collio goriziano cultive des cépages blancs aussi divers que le chardonnay, le sauvignon ou la malvasia, mais c'est le tocai friulano qui produit les vins les plus caractéristiques. Puissants, ronds, avec beaucoup de gras, ceux-ci offrent des notes de poire bien marquées, associées aux épices qui ajoutent de la complexité.

Les fruits à pépins
Le melon

Les dégustateurs n'évoquent que rarement l'arôme de melon, pourtant aisé à reconnaître et si agréable par ses effluves sucrés, réminiscences de la belle saison. Certains vins blancs lui accordent une place dans leur palette fruitée, entre la pêche, la poire, l'ananas et les agrumes.

Naissance d'un arôme

Le melon est un arôme de transition, qui apparaît juste après les notes fermentaires. Il ne se déclare ainsi que dans les vins jeunes, essentiellement blancs.
Malgré des études approfondies, les molécules intervenant dans son développement ne sont guère connues. Les chercheurs citent généralement les dérivés de chaîne aliphatique à neuf atomes de carbone, comme le 2-nonanol, le cis-6-nonen-1-ol, son aldéhyde correspondant, ainsi que l'éthylheptanoate et le 2,6-diméthyl-5-heptenal. Ce dernier composé est

certainement le plus pertinent dans la définition de l'arôme de melon, mais il n'est pas le seul en cause.

Découverte au naturel

Cette succulente cucurbitacée (*Cucumis melo*), déjà appréciée des Égyptiens dès les premières dynasties, était cultivée dans les jardins des monastères italiens au XVe siècle. Les papes découvrirent ses saveurs lors de leur séjour à Cantalupo, près de Rome, dans leur résidence d'été, d'où le nom de cantaloup que l'on donna au melon. On attribua à ce fruit-légume la mort du pape Paul II qui en abusa... Le fruit était-il plus coupable que la gourmandise ?

À la fin du XVe siècle, le melon apparut en France, dans la région de Cavaillon, introduit après les guerres d'Italie de Charles VIII. S'il resta longtemps une denrée précieuse, il prit son essor à partir du XVIIIe siècle, sa culture gagnant l'Anjou, la Touraine et la Charente.

De nos jours, on distingue trois types de melons : les melons brodés, à peau épaisse et striée comme l'ancien sucrin de Tours, le melon à peau lisse, appelé charentais ou cantaloup, et les melons d'hiver, dit d'Antibes. En France, la provenance du fruit reste un indice de qualité : ainsi des villes de Cavaillon, de Lectoure, de Mirabel ou de Bouillac, en Provence, dans les Landes ou dans la région de Montauban. Le melon contient du carotène, d'où sa belle couleur orange, de la vitamine C, du calcium et du magnésium.

... Et dans les vins

Les alsace-muscats résultent d'un assemblage de muscat ottonel et de muscat blanc à petits grains ; le second cépage renforce le fruité du premier et le conforte par ses notes chaleureuses. Le caractère aromatique du cépage est particulièrement perceptible dans les deux premières années de la vie du vin. La vinification du muscat en vin blanc sec est caractéristique de l'Alsace. L'arôme de melon apparaît aussi dans les vins doux naturels issus de ce cépage, depuis le muscat-de-beaumes-de-venise de la vallée du Rhône méridionale jusqu'au muscat-de-rivesaltes du Roussillon que l'on déguste plutôt jeunes, en passant par les muscats de l'Hérault (lunel, frontignan, mireval). On peut aussi, pour les vins de muscat très réussis, tenter une garde en bouteille de dix ans, car le temps favorise l'évolution de la palette vers le melon confit.

L'arôme de melon apparaît dans certains vins rouges. Sa présence

Mémoriser

Confectionnez de délicieuses confitures de melon et suivez l'évolution des arômes tout au long du processus de fabrication, depuis les notes du fruit frais jusqu'aux senteurs enveloppantes du fruit confit.

La poire williams, à part égale avec le melon, apportera plus de complexité à l'accord gustatif et olfactif.

serait liée à l'assemblage de cépages blancs caractéristiques à des cépages rouges. L'association la plus réussie se produit entre les cépages viognier et syrah en côte-rôtie : de suaves arômes de melon se mêlent au nez de violette.

Le muscat-de-saint-jean-de-minervois

Dans ce terroir d'altitude, aux confins du Minervois et juste sous la Montagne Noire, le muscat à petits grains mûrit lentement et développe une finesse particulière. Il produit un vin doux naturel : son moût, partiellement fermenté, est muté à l'eau-de-vie neutre. Très aromatique mais jamais lourd, le muscat-de-saint-jean-de-minervois dévoile une palette de rose, de fruits exotiques, de melon cantaloup, soulignée de citronnelle ou d'épices douces. La bouche se prolonge tout en dentelle, avec légèreté.

Les fruits secs
La figue

Arbre nourri de soleil, le figuier symbolise les civilisations de la Méditerranée. Au cœur de ses fruits, s'est logé un arôme sucré et fleuri qui garde encore tout son mystère. Ce même charme empreint les vins doux parvenus au plus haut degré de complexité.

Naissance d'un arôme

L'arôme de figue n'a pas été identifié chimiquement. Il apparaît surtout lors de la maturation bien menée des grands vins rouges et, de façon très nette, dans le bouquet des vins doux naturels d'un âge respectable. Son apparition lors des dernières années d'élevage en bouteille en fait un arôme tertiaire caractéristique.

Découverte au naturel

Le figuier cultivé sous les climats chauds – *Ficus carica*, de la famille des Moracées – serait un hybride de différentes espèces sauvages, aux fruits cotonneux et non comestibles, disséminées de l'Inde aux Canaries. Au Proche-Orient, il prospérait dans les vergers dès la fin du IVe millénaire. Les Égyptiens cultivaient des variétés savoureuses, dont ils gavaient les oies pour obtenir un excellent foie gras. La figue n'est pas un véritable fruit, mais un réceptacle charnu contenant des centaines de fleurs minuscules. De petites figues apparaissent à l'aisselle des feuilles en automne et se développent jusqu'à la fin du printemps : ce sont des figues-fleurs. Fécondées durant l'été par un moucheron, le *Bastophaga pseneri*, elles poursuivent leur développement et produisent des centaines de minuscules fruits – les grains qui craquent sous la dent. Les figues mûres, à l'épiderme blanc ou violet, récoltées en septembre-octobre sont appelées « figues d'automne ».

... Et dans les vins

L'arôme de la figue, que l'on rencontre communément dans les vins doux naturels de la région de l'Aude et des Pyrénées-Orientales, est dû au grenache. Ce cépage originaire d'Espagne (où il est appelé *garnacha*), et plus précisément d'Aragon, donne sa pleine mesure en des effluves capiteux et épicés. Les vins doux naturels rivesaltes, banyuls et maury naissent de ses vignes cultivées en gobelets dans des terres pauvres, baignées de soleil. Très riche en sucres (252 g/l au moins), le moût de raisin fermente normalement jusqu'au

moment où le vigneron interrompt le processus en ajoutant de l'alcool vinique (dans une proportion de 5 à 10 % du volume du moût). Une quantité importante de sucres résiduels est ainsi conservée. L'élevage est conduit de façon à favoriser les phénomènes d'oxydoréduction essentiels à la constitution du bouquet. Ainsi les cuves ne sont-elles pas totalement remplies, le vin passe-t-il sous bois, les fûts ou les bonbonnes de verre sont-ils exposés à l'air libre, sous le soleil. Il en résulte des notes profondes de fruits secs (pruneau et figue), de grains de moka bien torréfiés, de rancio – une famille aromatique que les vins de porto déclinent aussi. Dans un registre proche, les vins blancs liquoreux peuvent exprimer un parfum de figue, qu'ils soient d'Alsace ou du Bordelais, issus de riesling ou de sémillon. Les vins rouges de la vallée du Rhône sep-

Mémoriser

La figue compte parmi les treize desserts du Noël provençal. Son excellente conservation permet cependant de la consommer toute l'année. Imprégnez votre mémoire du parfum de ce fruit en humant, puis en goûtant des fruits frais ou secs de différentes origines : figues blanches ou violettes, turques ou marocaines. Dégustez ensuite une gorgée de maury et de porto, à la recherche de la figue.

tentrionale, nés du cépage syrah, acquièrent à un âge avancé les fragrances ensoleillées de la figue. Il en va de même des vins de la Drôme provençale, du Vaucluse (châteauneuf-du-pape) et des coteaux-d'aix-en-provence. En revanche, l'arôme de figue perçu dans un vin rouge jeune est un signe d'oxydation précoce.

Le banyuls

Les pentes de schistes arides plongent vers la mer Méditerranée. Cultivées en petites terrasses, travaillées à la main, elles accueillent le grenache noir, l'âme du banyuls. Ce cépage y acquiert sa plus belle expression fruitée. La fermentation du moût est interrompue par ajout d'alcool neutre pour élaborer un vin doux naturel. Le vin est élevé soit à l'abri de l'air pour devenir un rimage (millésimé), soit selon la méthode oxydative qui produit les bouteilles traditionnelles. Ces dernières dévoilent des notes de figue sèche, associées aux fruits confits, au café et au cacao.

La datte

Si l'oasis est un paradis, le palmier-dattier en est l'arbre de vie. La datte apparaît dans le bouquet des vins liquoreux, offrant son arôme sucré, oriental, qui renvoie le dégustateur à l'aube de l'histoire viticole, lorsque les fruits ambrés du dattier fermentaient dans les jarres comme les baies de la vigne.

Naissance d'un arôme

Les composants chimiques responsables de l'arôme de la datte sont encore mal connus. Le dégustateur a pu observer, cependant, que cette note provenait souvent d'une sur-maturation du raisin ou d'un passerillage, c'est-à-dire de la dessiccation partielle des grains alors qu'ils sont encore sur le pied de vigne. Le vigneron laisse sa vendange sur souche jusqu'à une période avancée de l'automne, ou bien pratique une torsion du pédoncule (notamment dans le Jurançon). Une autre manière de sécher le raisin consiste à le conserver sur un lit de paille ou suspendu dans un endroit bien aéré. La fermentation d'un moût de raisin passerillé est très lente et s'interrompt lorsque le titre alcoométrique atteint 15 % vol., laissant une proportion importante de sucres résiduels dans le vin.

Découverte au naturel

Le palmier-dattier (*Phoenix dactilifera*) est originaire de Mésopotamie ; les archéologues ont retrouvé des traces de sa présence datant d'environ trois millions d'années. Dans l'Antiquité, les Égyptiens élaboraient du vin non seulement à partir de raisin récolté sur les terres fertiles irriguées par le Nil, mais aussi à partir de dattes, comme l'illustrent les fresques découvertes dans le tombeau de Nakht dans la vallée des Nobles, à Thèbes. Le vin, rare et précieux, était offert aux divinités. Plus tard, les Grecs apprécièrent eux aussi le fruit sucré et énergétique de la datte, qu'ils dégustaient nature ou qu'ils laissaient fermenter pour élaborer du vin.

Molles, semi-molles ou fermes, les dattes admettent une centaine de variétés, parmi lesquelles la Deglet Nour de Tunisie, ou « doigt de lumière », toute dorée et moelleuse, la plus finement parfumée, et la Medjool du Maroc, brune et très sucrée.

... Et dans les vins

Les vins liquoreux à dominante de sémillon, comme le loupiac ou le barsac, expriment une palette rôtie au sein de laquelle la datte s'inscrit

tout naturellement. Dans la Loire, le coteaux-du-layon peut lui aussi l'exprimer, lorsque le soleil a généreusement caressé les vignes de chenin. On retrouve, plus rarement, le délicat parfum de la datte dans les alsace-tokay-pinot gris de sélection de grains nobles.

Le *Botrytris cinerea*, ou pourriture noble, n'est pas le principal vecteur de la note aromatique de datte. Dans le terroir du bonnezeaux, le raisin de chenin desséché par les vents angevins et par la très faible alimentation en eau flétrit sur souche, concentrant ainsi ses composants : il en résulte un vin doré à reflets verts, dont les arômes de

Mémoriser

Organisez une dégustation de différentes variétés de dattes au naturel, puis appréciez un repas oriental composé de plats salés, tels que tagines et couscous, et sucrés, comme le maqroud à base de semoule. En fin d'année, régalez-vous des dattes fourrées à la pâte d'amandes ou aux pignons de pin. Ce fruit est si sucré que l'on fabrique aisément du sucre en le faisant sécher doucement avant de le moudre. La sève du dattier, fermentée ou non, permet d'élaborer des boissons appelées « legmi » en Tunisie. Vous trouverez aussi une liqueur de datte et de plantes aromatiques, spécialité de Djerba : la thibarine.

fruits secs et de fruits mûrs ne semblent jamais lourds et persistent longuement.

Les vins de paille du Jura (côtes-du-jura, arbois, l'étoile) et quelques rares bouteilles d'hermitage, dans le Rhône, gagnent au cours des années cette palette de fruits confits et secs qui s'harmonise si bien avec leur bouche volumineuse, soyeuse et longue.

Le bonnezeaux

Au cœur du Layon, l'aire de bonnezeaux couvre de fortes pentes caillouteuses au faible potentiel hydrique. Le chenin s'y concentre par passerillage grâce aux vents desséchants qui balayent le territoire. Ses vins révèlent une grande complexité aromatique : abricot, figue, raisins secs. Lorsque la concentration a atteint un haut niveau, l'arôme de datte apparaît comme la signature des millésimes ensoleillés. Les flaveurs se prolongent dans une bouche parfaitement équilibrée entre richesse et fraîcheur.

Les fruits secs
Le pruneau

Savoureuse note de pruneau, qui se présente au nez du dégustateur d'un vénérable vin rouge charpenté et concentré, ou d'un vin doux naturel devenu presque ambré avec les années. Elle se mêle à un bouquet complexe de fruits secs légèrement épicés, de cacao ou de café. Envoûtant...

Naissance d'un arôme

La note de pruneau se manifeste dans les vins mutés ou dans les vins blancs moelleux âgés. Archétype de l'arôme tertiaire, elle correspond à un arôme de fruit à noyau frais que le temps a « surmûri ». Le même phénomène se produit lorsque des cerises macèrent dans de l'eau-de-vie. Avec le temps, la couleur devient brune et des arômes caractéristiques se développent, mêlant le fruit à l'alcool. Dans l'arôme de pruneau, on retrouve la note de noyau issue du benzaldéhyde.

Découverte au naturel

Quelque quatre cents variétés de pruniers sont répertoriées dans le monde, la plupart résultant du croisement entre le prunellier des haies (*Prunus spinosa L.*) et le prunier myrobolan balkano-caucasien (*Prunus cerasifera Ehrh*). En France, les variétés de prunes les plus connues sont les quetsches, les mirabelles, les prunes d'Ente ou d'Agen et les reines-claudes, en Grande-Bretagne, la prune Victoria. Les prunes sont dégustées de manières diverses, comme fruits de table, en confiture ou en marmelade, macérées dans l'alcool, séchées, généralement au four, ce qui les transforme en pruneaux, dont les plus connus sont ceux d'Agen.

... Et dans les vins

Les senteurs évocatrices de la prune ou du pruneau se rencontrent principalement dans les vins rouges. En Bordelais, les saint-émilion grands crus développent au cours de leur garde en bouteille (jusqu'à vingt ans) un nez concentré de fruits rouges, de figue et de pruneau, subtilement souligné d'une ligne vanillée héritée du bois. Certains pomerol ajoutent cette note de fruit surmûri et séché à leurs arômes caractéristiques de violette et de truffe sur un fond de cuir noble et de gibier. Dans le Sud-Ouest, le buzet, à majorité de merlot, conjugue cassis mûr, cacao, notes animales et pruneau. Il en va de même du barolo produit à partir du cépage nebbiolo dans le Piémont. Mais le pruneau reste l'apanage des vins doux naturels rouges. Les crus issus du grenache possèdent un nez puissant et vineux qui s'agrémente, après des années de vieillissement, de parfums d'orange, de poivre, de figue et de pruneau. Les rasteau et maury longuement élevés (jusqu'à trente mois) font même du pruneau la composante majeure de leur

Mémoriser

Comparez les petites prunes chinoises sèches et salées avec des pruneaux d'Agen, souples et moelleux. Un bon exercice pour découvrir des saveurs extrêmes... Il n'y a pas si longtemps encore, il était d'usage d'offrir au visiteur une coupelle de fruits à l'eau-de-vie de fabrication maison. On ajoutait aux bocaux de pruneaux quelques grains de café : un accord que vous découvrirez fréquemment dans les vins doux naturels rouges.

signature, aux côtés des fruits mûrs, des fruits à l'eau-de-vie, du café et des épices qui perdurent remarquablement en bouche. Les vieux portos et madère renforcent aussi leur palette de cette touche chaude. On a longtemps considéré que l'arôme de pruneau marquait des vins rouges sur le déclin. Or, le goût du consommateur évoluant et le contrôle des paramètres aromatiques progressant, les notes de pruneau, pour autant qu'elles restent subtiles, ne constituent plus un défaut, mais signent plutôt l'apogée du vin.

Le côtes-du-roussillon

Soumise aux vents et à la sécheresse, la vaste aire des côtes-du-roussillon favorise le carignan, le grenache noir, la syrah, le mourvèdre et le lladoner pour produire des vins rouges puissants. Les plus beaux vins proviennent de quatre villages : Caramany, Latour-de-France, Tautavel et Lesquerde. Leur palette évoque les fruits noirs, la violette, le grillé et les épices dans leur jeunesse, puis le cuir, les fruits confits ou séchés comme le pruneau.

Les fruits secs
La noisette et l'amande

L'arôme de l'amande ou de la noisette, juste cueillies sur l'arbre et sorties de leur coque verte, signe les grands vins de chardonnay, qu'ils soient de Bourgogne ou des terroirs les plus lointains. Leur nom s'inscrit aussi dans la famille des fruits secs, caractéristique des vins blancs ou rouges parvenus à leur apogée.

d'autres pour composer l'arôme de cerise. Le benzaldéhyde fut la première molécule odorante reproduite par synthèse dans un laboratoire au début du XIXᵉ siècle ; elle fut à la base de toute la chimie fine.

Dans le vin, l'une des origines de l'arôme d'amande fraîche serait la partie végétale de la grappe. Il s'agirait dès lors d'un arôme primaire. Cependant, dans de nombreux cas, la perception aromatique de l'amande fraîche augmente avec l'âge du vin, notamment lorsque celui-ci a subi une légère oxydation. Dans ce cas, l'arôme est tertiaire. Le parfum de l'amande grillée est plus complexe, plus fin et plus proche de l'arôme de la noisette. Tertiaire, il se développe dans les grands vins au fil du temps. D'après Max Léglise, l'un des grands maîtres de la dégustation du XXᵉ siècle, l'origine des nuances d'amande grillée est liée à l'évolution des arômes de sulfures qui se sont manifestés au début de la vie du vin.

Naissance d'un arôme

L'arôme de noisette provient de la même voie de biosynthèse que celui de beurre. Pourtant, de nombreuses personnes sont incapables de percevoir dans le beurre frais cette note, dont l'origine résiderait dans la décomposition de certains acides gras par des micro-organismes. On utilise ainsi des souches particulières de champignon pour renforcer cette entité aromatique dans le fromage saint-nectaire lors de sa maturation en cave. Un tel arôme émane aussi de la partie blanche des meilleurs roqueforts.

L'arôme d'amande admet deux caractères, celui de l'amande fraîche et celui de l'amande grillée. La nuance d'amande fraîche, ou arôme de noyau, est liée au benzaldéhyde, molécule très répandue dans la nature, que ce soit dans les noyaux des fruits à drupe (cerises, pêches, prunes, abricots) ou dans leurs feuillages. Dans les vins rouges du Bordelais, de Bourgogne ou de Touraine, cette molécule se fond avec

Découverte au naturel

Grignotez les fruits du noisetier (*Corylus avellana*). Il suffit d'extraire la coque brune de son écrin vert tendre. Les premiers arômes se dégagent dès que la coque éclate, puis, au contact rugueux de la peau de la graine sur la langue, succède l'arôme fin, légèrement beurré, de la noisette lorsqu'elle s'écrase sous la dent.

L'amandier (*Prunus amygdalus dulcis*), de la famille des Rosacées comme le pêcher, donne un fruit peu charnu, recouvert d'un duvet vert et dont le noyau renferme deux amandes douces. Il ne faut pas le confondre avec la variété amère (*Prunus amygdalus amara*), qui fournit une essence parfumée utilisée en pâtisserie, mais dont l'amande ne peut être dégustée nature.

Noisette et amande sont des oléagineux, riches en lipides, qui doivent être séchés ou grillés pour se conserver. Les arômes de la noisette et de l'amande séchées rappellent ceux des fruits au naturel, mais en plus concentré et associés à des nuances empyreumatiques.

... Et dans les vins

L'arôme d'amande fraîche caractérise les vins italiens du Piémont, de Lombardie, d'Émilie-Romagne ou de Sicile, tandis que celui d'amande grillée se glisse dans la palette des vins blancs secs de Bourgogne, de Savoie (roussette-de-savoie) ou de la vallée du Rhône septentrionale (saint-péray et crozes-hermitage, par exemple). En Andalousie, les xérès se répandent en notes d'amande fraîche dans leur jeunesse, puis évoluent vers un caractère de fruits secs. La délicate amertume de la finale renforce la perception d'amande séchée. Certains vins rosés ronds, comme le tavel produit dans la vallée du Rhône méridionale, inscrivent de même l'amande fraîche dans leur profil.

L'arôme de noisette fraîche ou séchée est intimement lié à un cépage blanc : le chardonnay qui produit les grands vins blancs bourguignons et qui constitue à lui seul le champagne et le crémant-de-bourgogne blancs de blancs. Il s'associe à d'autres notes fruitées et empyreumatiques, ou bien au beurre frais, au tilleul, au pain grillé et à la brioche. Les meursault et puligny-montrachet, dont le potentiel de garde peut atteindre quinze ans, offrent de merveilleuses illustrations de ces alliances aromatiques sur fond de miel.

Le chardonnay retrouve des tonalités semblables dans les vins californiens de la Napa valley (notamment ceux de l'aire assez fraîche de Carneros), de Sonoma (Russian river valley) et du comté de Monterey (Chalone). Les vins blancs moelleux et liquoreux orientent leur gamme aromatique vers un registre confit et miellé auquel se fond une flaveur de pâte d'amandes. Il en est ainsi du coteaux-du-layon ligérien.

Mémoriser

Le parfum de l'amande fraîche se retrouve dans le sirop d'orgeat, les tourons, la pâte d'amandes ou les calissons d'Aix-en-Provence. Celui de l'amande grillée est particulièrement perceptible dans le nougat noir. L'huile de noisette, utilisée en cuisine comme en parfumerie, vous servira de référence pour mémoriser l'arôme de ce fruit.

Dans les vins rouges, les fruits secs indiquent une certaine oxydation. Celle-ci peut participer au style même du vin, notamment dans le cas des vins doux naturels : rasteau et banyuls par exemple.

Le xérès fino

Sous le soleil andalou, le cépage palomino pousse sur des sols crayeux, appelés *albarizas*. Son moût, vinifié en vin sec puis muté, se prête à un élevage sous voile de levures. Le vinificateur entonne le vin en laissant un creux dans la barrique. Un voile de levures *Saccharomyces* se forme alors, protégeant le vin d'une oxydation trop rapide. L'assemblage se réalise en *solera*, empilement de barriques : le vin de l'année, logé dans les futailles situées en hauteur, se mélange à celui, plus âgé, des rangées inférieures au fur et à mesure qu'est tiré le vin des barriques placées au niveau du sol (*solera*). Le *fino* de Jerez offre d'incomparables arômes d'amande grillée. Sa bouche très sèche, épicée, est d'une longueur aromatique étonnante.

Les fruits secs
La noix

La noix est un arôme hors du commun qui contribue à la palette de bouteilles tout aussi extraordinaires : vin jaune du Jura ou célèbre xérès d'Andalousie. Elle naît d'une alchimie complexe au sein d'une barrique close.

Naissance d'un arôme

La noix est un arôme tertiaire comme la plupart des arômes de fruits secs – pruneau ou figue : elle apparaît dans des vins âgés. Des recherches ont mis en évidence l'influence déterminante d'un long vieillissement sous voile de levures dans la synthèse de l'arôme de noix. La molécule responsable de cette note a été identifiée récemment ; il s'agit du sotolon, de formule chimique hydroxy-3 diméthyl-4,5 2(5H) furanone.

Découverte au naturel

Le noyer (*Juglans regia*, de *Jovis glans*, « gland de Jupiter ») est particulièrement cultivé dans la Drôme, en Isère et dans le Quercy. Les noix de ces régions bénéficient d'une appellation d'origine – la noix de

Grenoble – qui se décline en trois variétés : la Mayette de gros calibre et savoureuse, la Parisienne très parfumée, mais assez rare car récoltée tous les deux ans, et la Franquette aux cerneaux blonds. La noix du Périgord bénéficie désormais d'une appellation d'origine ; sous son nom se rassemblent la Marbot, la Corne et la Franquette du Lot, de la Corrèze et de la Dordogne.

Dans la Grèce et la Rome antique, on élaborait un beurre végétal en réduisant les cerneaux de noix en purée. Cet aliment est non seulement énergétique, comme tous les oléagineux, mais contient aussi des acides gras de type oméga, qui permettent de lutter contre le mauvais cholestérol.

... Et dans les vins

L'arôme de noix constitue la signature olfactive des vins jaunes du Jura, notamment du château-chalon. Ces vins secs naissent d'un cépage unique, le savagnin. Leur élevage se déroule en fût de chêne durant six ans et trois mois, sans ouillage ni soutirage. Il se forme ainsi un espace entre le vin et le haut de la futaille qui permet le développement d'un voile de levures à la superficie du liquide. Cette fine pellicule de levures s'épaissit et crée un écran contre l'oxydation. Elle ne doit pas être confondue avec la « fleur », composée de *Mycoderma aceti*. Le climat du Jura et le degré d'hygrométrie des caves jouent un rôle capital dans ce processus. De longue garde, les vins jaunes peuvent somnoler

cinquante ans, voire davantage, avant qu'une occasion exceptionnelle ne les appelle sur la table. Ils sont commercialisés dans une bouteille spéciale, le clavelin, d'une contenance de 62 cl qui correspond à la part restante sur un litre de vin élevé sous voile. Dans le Gaillacois, un producteur pionnier, Robert Plageoles, s'attache à élaborer du vin de voile à partir du mauzac.

En espagnol, fleur se dit *flor*, et ce nom s'applique à la pellicule blanche qui se forme à la surface des xérès, vins issus du cépage palomino. Quand cette *flor* apparaît, le vin devient un *fino* et séduit l'amateur par ses nuances de noix. Dans le cas contraire, c'est un *oloroso*. Des recherches récentes, et notamment les travaux du professeur André Tchernia, de la Maison méditerranéenne des sciences de l'Homme à Aix-en-Provence, tendent à démontrer que certains vins romains étaient des vins élevés sous voile. L'ensemencement en

Mémoriser

Pour affiner vos perceptions, comparez la noix avec les autres arômes de fruits secs : noisette, amande, pruneau, figue. Quelques accords gourmands vous aideront dans votre apprentissage des saveurs : du comté au cœur d'une salade verte assaisonnée à l'huile de noix et au vinaigre de xérès, ou bien une succulente tarte aux noix servie avec un vin de voile.

micro-organismes était facilité par l'utilisation d'un mélange de moût, de coing et de fenugrec. Ces vins étaient considérés comme réellement consommables après cinq ans d'élevage. Ce mode d'élaboration s'étant développé dans la province romaine correspondant à l'actuelle Andalousie, il n'est pas surprenant de retrouver des similitudes aromatiques avec le xérès.

Le vin jaune du Jura
Dans les reculées du relief jurassien, la vigne bénéfice de conditions de maturation qui relèvent du miracle microclimatique. Le savagnin peut ainsi atteindre des degrés élevés et affronter le long élevage sous voile de levures qui le transformera en vin jaune. Puissant, le nez est d'une originalité qui déroute le débutant : la noix, l'amande séchée, l'abricot sec en sont les composantes principales, associées aux épices. La bouche riche possède de la structure et une longueur impressionnante.

Les fruits exotiques
La mangue, le litchi, le fruit de la Passion

Grenade, carambole, litchi, mangue ou fruit de la Passion...
Les œnophiles des générations précédentes étaient bien incapables de relever dans les vins les arômes de ces fruits encore rares.
Les parfums des rivages lointains sont désormais familiers, tant et si bien que leurs noms viennent sous la plume lors de la dégustation de vins blancs.

Naissance d'un arôme

Est-ce la rose, le géranium rosat ou le litchi que le nez perçoit ? Il est parfois difficile de trancher, car ces arômes relèvent du même groupe de molécules : linalol, géraniol et nérol. Ces alcools monoterpéniques sont déjà présents dans la baie de raisin lorsqu'elle est mûre. Le litchi est ainsi un arôme primaire.
Les notes de mangue et de fruit de la Passion sont des arômes fermentaires. Elles sont le plus souvent liées à l'évolution chimique de molécules contenant du soufre et provenant de l'autolyse des levures lors d'une fermentation sur lie. On trouve aussi parmi ces composés des lactones, famille de molécules responsables d'arômes fruités tels que la noix de coco, la pêche, le cassis. La décalactone intervient dans l'arôme de la mangue. Pour le fruit de la Passion, il faut aussi considérer la présence d'hydrocarbures en C-11 insaturés, comme le 1,3 trans-5,6 undécatriène. L'emploi de levures aromatiques n'est pas étranger à la naissance de ces arômes.

Découverte au naturel

Les litchis (*Litchi chinensis*), grappes de petites boules roses écailleuses originaires de Chine, sont désormais fréquents à l'époque de Noël.

Si l'on épluche la peau fine de ces fruits, on découvre une pulpe juteuse, d'un blanc laiteux, qui dégage un parfum puissant et familier pour tout dégustateur même débutant : il s'agit de l'arôme typique des cépages muscats. Originaire des Indes, la mangue (*Mangifera indica*), mûre à point, est un véritable régal, surtout lorsqu'elle est arrosée de quelques gouttes de citron vert. Il en existe de nombreuses variétés depuis la grosse mangue du Pérou jusqu'aux petites mangues vertes et fines de Thaïlande qui se dégustent avec un riz au lait de coco chaud. Les mangues commercialisées en Europe possèdent une chair jaune orangé, un peu fibreuse, dont l'arôme présente toujours une légère pointe de térébenthine. Proche de la mangue par son parfum, le fruit de la Passion (du genre *Passiflora*) s'en distingue pourtant par une pointe soufrée qui l'apparente à la pêche jaune. Il existe trois grandes variétés de fruits de la Passion : la maracuja, rouge violacé et ronde, ou jaune et ovale ; la grenadille, rouge orangé et ronde ; la curuba, verte et de forme allongée.

... Et dans les vins

Que ce soit en Alsace ou dans le Roussillon, à Lunel ou dans le Minervois, l'arôme du litchi se manifeste dans les vins issus du cépage muscat, pourvu qu'ils soient un peu gras et fruités. Toutefois, certains vins légers et frais, élaborés à partir du chasselas dans la Loire,

en Savoie et en Alsace émettent ce parfum tropical. Un autre cépage alsacien se révèle tout aussi exotique : le gewurztraminer. Dans les terroirs marno-calcaires comme Alterberg de Bergheim, Marckrain ou Sporen, il développe un profil fruité-épicé typique et une structure qui lui assure longévité.
Des nuances de litchi se glissent dans la palette de quelques vins rosés, comme le tavel, le côtes-du-frontonnais ou le jeune VDQS coteaux-du-quercy, signe d'une bonne concentration de la matière et d'une macération du raisin parfaitement contrôlée.
Un souffle de mangue apparaît dans les vins moelleux du Sud-Ouest, notamment dans le jurançon. Il est vraisemblablement dû au petit manseng qui gagne sa meilleure expression dans le Béarn et apporte la même note olfactive au pache-renc-du-vic-bilh. La mangue confère par ailleurs sa touche douce à cer-

Mémoriser

Une façon agréable de se remémorer les notes de fruits exotiques est de déguster en été des cocktails glacés à base de jus de mangue, de jus de citron vert et de lait de coco, ou bien de jus de pamplemousse et de goyave, de sirop de grenadine, de lait de coco et de rondelles de kiwi. Laissez libre cours à votre imagination et recherchez les meilleurs accords entre les saveurs et les arômes.

tains vins moelleux du Val de Loire à base de chenin : vouvray, coteaux-du-layon, saumur blancs. Outre-Rhin, les vins moelleux allemands du pays de Bade et du Palatinat, ou autrichiens de Styrie libèrent des arômes exotiques.
L'arôme de fruit de la Passion se distingue non seulement dans les vins blancs moelleux ligériens, mais aussi dans les côtes-du-frontonnais rosés. Dans ce cas, il s'associe à une autre flaveur de fruit exotique, celle de la grenade.

Le jurançon
Au sud de Pau, sur les collines prépyrénéennes aux pentes parfois très abruptes, le petit manseng cultivé en échalas est la base de l'appellation jurançon. Les raisins passerillent – sèchent sur souche – grâce au foehn qui descend des montagnes en automne. Ils produisent certes des moûts concentrés, mais les vins ne cèdent jamais à la lourdeur grâce à l'acidité élevée de ce cépage. Dans une palette complexe, les fruits exotiques dominent (mangue, litchi), associés au miel et aux épices.

La banane

Pour percevoir l'arôme de banane, il n'est pas besoin d'un nez très fin. Des pots du Beaujolais que l'on débouche dans le monde entier le troisième jeudi de novembre, coule un vin tout frais tout neuf, qui fait parler : le millésime est-il framboise, bonbon anglais ou banane ?

Naissance d'un arôme

S'il semble logique de classer l'arôme de banane dans la série fruitée, certains œnologues l'inscrivent dans la catégorie des amyliques, aux côtés des notes de bonbon anglais et de vernis à ongles. Pour le chimiste, cette proposition est recevable puisque la molécule concernée, l'acétate d'isoamyle, dérive des alcools amylique et isoamylique, dont l'odeur est proche du diluant pour vernis à ongles et de l'acétone.

Dans la mesure où l'acétate d'isoamyle apparaît lors de la fermentation du raisin, la banane est un arôme secondaire. Trois facteurs lui sont favorables : la fermentation à basse température, la macération carbonique et l'emploi de levures aromatiques.

Une étude menée sur l'apparition de l'acétate d'isoamyle lors de la fermentation de moût d'ugni blanc fait apparaître qu'à 15 °C, le maximum de concentration est atteint au bout de 300 heures environ, alors qu'à 20 °C, la teneur en acétate d'isoamyle parvient à son seuil maximum après une centaine d'heures, puis diminue à nouveau. La quantité d'acétate d'isoamyle produite à 15 °C est en outre bien plus importante.

Lorsque des raisins rouges entiers sont mis à macérer dans une cuve emplie de gaz carbonique, il se produit une réaction enzymatique au sein de chaque baie qui produit de l'alcool amylique et isoamylique. Ces deux alcools sont ensuite transformés en acétate sous l'action des levures. C'est la macération carbonique. Les vins ainsi obtenus sont, en quelque sorte, enrichis en arôme de banane.

Découverte au naturel

Le bananier (*Musa paradisiaca L.*) doit son nom vernaculaire au bantou « banana ». Cette plante herbacée, pouvant atteindre 5 mètres de hauteur, proliférait à l'origine dans les espaces dégagés des forêts tropicales du sud-est asiatique. Les bananes-desserts d'un seul calibre, omniprésentes sur les marchés européens, proviennent en majorité des Antilles et appartiennent à la variété Cavendish ; leur goût est assez neutre. Pourtant, les bananes douces sont d'une grande diversité dans leurs pays d'origine : petites bananes roses et fondantes appelées sucriers, figues-pommes à la saveur légèrement acidulée, pisang parfumée. Il existe aussi des bananes-légumes, appelées *plátano macho* en Amérique centrale. Grâce à leur goût proche de la patate douce, elles constituent l'un des ingrédients majeurs des plats caribéens et africains.

... Et dans les vins

Les cépages le plus souvent soumis à la macération carbonique sont le carignan et le grenache dans le Sud, le pinot noir et, surtout, le gamay noir en Touraine et dans le Beaujolais. Les vins d'appellation beaujolais et beaujolais-villages peuvent être vinifiés en « vin de primeur », ou « vin nouveau ». Grâce à une macération semi-carbonique courte, le vin garde un caractère gouleyant, un fruité gai et une robe fraîche dans les tons framboise. Il doit être apprécié dans les six mois après son spectaculaire lancement à la mi-novembre. Selon les millésimes, les beaujolais nouveaux livrent un nez de banane plus ou moins prononcé. Cet arôme est ainsi l'apanage des vins à boire jeunes, sur leur fruit. Il est possible de détecter le parfum de la banane dans des vins, davantage blancs que rouges, issus de vinifications classiques, mais l'intensité en est souvent faible. Certains vins jeunes

Mémoriser

La synthèse d'acétate d'isoamyle permet d'illustrer la chimie des arômes aux étudiants. Procurez-vous à titre expérimental ce composant dans un magasin de produits asiatiques. À défaut, les petits bonbons acidulés, jaune fluo en forme de banane vous transmettront la flaveur amylique recherchée.

de chardonnay en blanc ou de syrah en rouge en dévoilent de très légères nuances. Lorsque cet arôme de banane présente un côté artificiel, comme celui d'un bonbon aromatisé, il relève souvent d'une vinification menée avec des levures exogènes.

Le beaujolais primeur

L'arôme de banane est-il issu d'un cépage, d'un terroir ou d'une vinification technologique ? Il apparaît en tout cas régulièrement dans les beaujolais primeurs, vinifiés en macération semi-carbonique à partir du cépage gamay noir. Ces vins nouveaux proviennent de la zone argilo-calcaire du sud de l'aire d'appellation. Ils sont vinifiés dans l'urgence pour apparaître sur le marché dès le troisième jeudi de novembre. Dans les millésimes bien ensoleillés, un fruité gourmand de framboise ou de cassis renforce la palette aromatique.

Les fruits exotiques
L'ananas

Une note rafraîchissante d'ananas marque certains vins blancs jeunes, touche de fantaisie de terroirs pourtant plus frais que les Caraïbes où pousse ce fruit. Plaisir pour le nez et la bouche, l'ananas mêle sa fragrance et sa saveur à la palette chatoyante des arômes exotiques.

Naissance d'un arôme

L'ananas s'inscrit dans la famille fruitée comme un arôme secondaire, qui apparaît rapidement en cours de vinification. Les molécules responsables sont surtout des esters : le butyrate d'éthyle et le butyrate d'isoamyle. L'arôme puissant d'ananas que l'on détecte aisément dans certaines confiseries vertes et gélatineuses est souvent émis par une molécule « artificielle », le caproate d'allyle, qui n'a pas encore été identifiée dans la nature.

Une expérience récente a démontré que les arômes de fraise et d'ananas pouvaient être confondus. Devant une coupe de fruits (fraises, pommes, poires, ananas, cerises) en matière plastique odorisée à la

fraise qu'on leur présentait, des visiteurs de diverses origines étaient invités à nommer l'odeur qu'ils percevaient. Si la majeure partie des Français identifiait facilement la fraise, les participants originaires d'Extrême-Orient citaient plus volontiers l'ananas. Plusieurs molécules odorantes sont communes à ces deux fruits, et l'ananas est sans doute plus connu au Japon et en Corée qu'en Europe.

Découverte au naturel

L'ananas (*Ananas sativus*) est originaire d'Amazonie ou de Guyane ; son nom vient de *nana,* « parfum », terme de la langue des Amérindiens Guaranis. Il a été acclimaté dans les régions tropicales d'Asie et d'Afrique, mais ses plus grands exportateurs sont aujourd'hui l'île d'Hawaï et la Côte-d'Ivoire. Découvert au monde européen lors du second voyage de Christophe Colomb en Amérique, l'ananas demeura rare sur les tables jusqu'au XVIIIe siècle, époque où l'on commença à le cultiver en serre. Ce fruit, dont la forme évoque une grosse pomme de pin, laisse une impression sucrée persistante derrière un fond acidulé. La variété Victoria, en provenance de l'île de la Réunion, exhale un parfum puissant ; de plus, son cœur moins fibreux que celui des autres espèces est très digeste.

... Et dans les vins

L'ananas marque le plus souvent des vins blancs jeunes obtenus par des techniques de vinification récentes.

Le crozes-hermitage blanc, né du mariage des cépages roussanne et marsanne, émet parfois une note de curry qui se marie fort bien avec le parfum du fruit tropical. À peine plus au sud, mais à une altitude supérieure dans la vallée de Sainte-Jalle au climat rigoureux, les Coteaux des Baronnies produisent un vin de pays agréable à partir du cépage chardonnay nouvellement implanté dans cette région de la Drôme provençale : celui-ci propose les notes d'ananas les plus fraîches, et sa légère vivacité renforce encore le souvenir du fruit véritable.
Sur les terres plus chaudes de l'AOC coteaux-varois (dont l'encépagement en blanc comprend la clairette, le grenache, le rolle, le sémillon et l'ugni blanc), une note d'ananas complète les arômes de zestes d'agrumes de ce vin blanc frais et friand.
Dans l'aire d'appellation bordelaise graves, les vins issus du sauvignon, du sémillon et de la muscadelle développent un nez fin, parfois

Mémoriser

Composez une salade de fruits en mêlant progressivement l'ananas à la fraise, à la framboise, à l'abricot, à la pêche et au citron. Analysez chaque duo de fruits, puis chaque trio, et ainsi de suite. Dégustez enfin l'ensemble, souligné d'un trait de kirsch. Vous modifierez aussi les saveurs en ajoutant une petite dose de caramel liquide.

égayé d'une pointe d'ananas. Cette touche de fantaisie devient noblesse sur la rive gauche de la Garonne. Les mêmes cépages, magnifiés par la pourriture noble – celle du champignon *Botrytis cinerea* – produisent de grands vins liquoreux : sauternes ou barsac. L'abricot, le miel, l'orange confite et l'ananas parfaitement mûr forment un long ruban aromatique perceptible au nez comme en bouche. Mais s'il est un cépage qui affectionne ce fruit exotique, c'est bien le gros manseng vinifié en sec ou en moelleux en AOC jurançon.

Le jurançon sec

Le jurançon sec, produit dans la même aire que le jurançon moelleux, naît du gros manseng, parfois associé au courbu ou, plus rarement, au petit manseng. Ce cépage fringant donne des vins structurés et minéraux qui développent dans leur jeunesse des notes de fruits exotiques. L'ananas domine, allié à des touches de fleurs jaunes (genêt) et d'épices. Le jurançon sec peut vieillir grâce à sa vivacité.

Les herbes anisées

Basilic, anis, fenouil et aneth possèdent d'indispensables atouts pour parfaire l'harmonie des saveurs en gastronomie. En œnologie, leurs arômes appartiennent à la famille végétale, et si certains sont redoutés par les vinificateurs, d'autres enrichissent la palette aromatique des vins.

Naissance d'un arôme

La molécule primordiale des arômes anisés est l'anéthol, mais le méthyl-chavicol (ou estragol), identifié dans le basilic et l'estragon, pourrait bien intervenir dans cette sensation olfactive singulière. La présence de la note d'anis n'a pas encore été élucidée, mais il s'agit générale-ment d'un arôme secondaire que l'on retrouve dans les vins blancs comme dans les vins rouges.

Découverte au naturel

La note anisée a été identifiée dans de nombreuses plantes. La plupart d'entre elles appartiennent à la famille des Ombellifères, ou Apiacées. Ce sont le fenouil (*Anethum feniculum*), le carvi (*Carum carvi*), qui aromatise les fromages « au cumin », et surtout l'anis vert (*Pimpinella anisum*) méditerranéen, aux propriétés digestives. Les Romains confectionnaient un gâteau aromatisé au vin doux, cuit sur du laurier et parsemé d'anis vert : ce *mustaceum* était servi à la fin des banquets de mariage. Le basilic (*Ocimum basilicum*) est une lamiacée, dont il existe plus d'une centaine de variétés, aux saveurs plus ou moins citronnées, parfois légèrement camphrées ou épicées (cannelle). L'estragon (*Artemisia dracunculus*), une composée, et la badiane (*Illicium verum*), une magnoliacée originaire de Chine, sont également largement utilisés en cuisine pour leur force aromatique.

... Et dans les vins

Les arômes anisés, s'ils ne sont pas trop marqués, présentent beaucoup d'agrément dans les vins du sud-est de la France. Dans la vallée du Rhône méridionale et en Provence, ces fragrances participent à la palette des vins rouges et blancs, depuis les côtes-du-rhône jusqu'aux coteaux-d'aix-en-provence. Dans les aires d'appellation bandol, bellet, cassis ou palette, l'encépagement et les terroirs sont si variés qu'il est difficile de cerner les origines de l'arôme anisé dans les vins. Néanmoins, le cépage rolle qui, associé à l'ugni blanc (appelé ici roussan) et au chardonnay, produit le bellet blanc n'y est pas étranger. Il en va de même en Corse, en AOC patrimonio, du cépage vermentino. Les vins blancs des côtes-du-rhône-villages Cairanne, des coteaux-du-languedoc-Picpoul-de-Pinet ou des côtes-du-roussillon (notamment les bouteilles à forte proportion de macabeu) laissent également poindre une touche de badiane.

Mémoriser

Le parfum des herbes condimentaires est volatil. C'est pour cette raison que ces plantes sont utilisées fraîches. Réservez un coin de votre jardin ou de votre balcon à la culture de basilic, d'estragon, de fenouil et d'anis vert. À la belle saison, essayez, les yeux fermés, de distinguer les différents arômes. Vous percevrez aussi la note anisée dans les grains de carvi qui agrémentent les pains ou fromages prétendument au cumin. Le carvi est le cumin noir du Nord, et son parfum est bien différent de celui du vrai cumin, originaire des régions méditerranéennes. N'oubliez pas que la consommation de boisson anisée à l'apéritif est déconseillée à qui souhaite apprécier les vins servis pendant le repas.

De manière plus surprenante, Jules Chauvet considérait que cet arôme permettait de caractériser les vins blancs du Mâconnais lorsqu'ils étaient issus de l'alliance du pinot blanc et du chardonnay. Dans le Centre-Loire, certains saint-pourçain, issus de gamay et de pinot noir, livrent un accent étonnamment anisé.

Le patrimonio

Ce vignoble corse domine le golfe de Saint-Florent, depuis de belles pentes argilo-calcaires teintées de rouge. Grâce à l'alternance de brumes et de soleil, le vermentino jouit de conditions de maturation parfaites pour exprimer sa finesse. Ses vins suaves et gras développent des arômes délicats de fleurs blanches, d'épices douces, auxquels la note anisée apporte de l'éclat.

La garrigue

Thym, laurier et romarin évoquent les parfums de la garrigue et du maquis. Les senteurs des coteaux sauvages et empierrés de calcaire, écrasés de soleil, se retrouvent dans les vins des contrées proches de la mer Méditerranée.

Naissance d'un arôme

Des centaines de molécules ont été identifiées dans les huiles essentielles des plantes de garrigue. Les plus significatives pour le thym sont le thymol et le carvacrol, aux senteurs phényliques bien reconnaissables. À l'analyse, le laurier et le romarin contiennent du bornéol et du cinéol en quantité. Cette dernière molécule est aussi appelée eucalyptol. Le bornéol marque plus spécifiquement l'arôme de romarin par une nuance proche du camphre, quoique plus boisée. L'origine des arômes de garrigue dans les vins reste à découvrir. Toutefois, une voie métabolique partant des phénols volatils et passant par les vinylphénols pourrait donner lieu à une biogenèse de dérivés d'éthylphénol à senteur de thym, à faible concentration. Quant au bornéol, le mystère est complet. Ces notes complexes font partie du bouquet des vins et constituent donc des arômes tertiaires.

Découverte au naturel

Quelle plante aromatique symbolise mieux la garrigue que le thym (*Thymus vulgaris*) ? Même en plein hiver, lorsque le paysage est sec et désolé, le simple fait de marcher sur le tapis que forme cette plante suffit à dégager un parfum ensoleillé. Cette fragrance fine varie cependant selon les terroirs : les botanistes parlent de chémotype. Il existe ainsi plusieurs variétés de thyms. Les uns sont âcres, un peu piquants, les autres sont plus doux, fleuris ou fruités. Chacun est identifié par la molécule à laquelle il doit son intensité aromatique. On parle ainsi de thym à linalol, ou de thym à alpha-thuyanol. Le premier est aussi appelé thym citronné.

Le romarin (*Rosmarinus officinalis*), dont le nom signifie « rosée de la mer », hante aussi bien la garrigue que le maquis. Le romarin de Corse possède un parfum très différent de celui du continent. L'un est à bornéol, l'autre à verbénone. Le romarin insulaire exhale un arôme doux et fruité. On y perçoit bien une note d'encens, comme dans d'autres plantes du maquis : cistes et lentisques par exemple.

Le bornéol est une molécule presque identique au camphre et son odeur est plus tonique, voire médicamenteuse. Les deux espèces fleurissent en hiver et offrent une splendide floraison blanche ou bleue à un moment de l'année où le paysage manque de couleurs vives. Quant au laurier (*Laurus nobilis*), plante commune

dans tout le monde méditerranéen et qui reste verte tout l'hiver, il produit une huile essentielle riche en terpènes, molécules odorantes entre toutes. À l'analyse se retrouvent la plupart des composants de l'essence d'eucalyptus, avec toutefois une impression plus sensuelle, voire animale.

... Et dans les vins

Des notes de laurier apparaissent fréquemment dans les vins de la vallée du Rhône méridionale, en particulier dans les châteauneuf-du-pape, tandis que le thym embaume les vins provençaux, tel le coteaux-d'aix-en-provence, et languedociens comme les coteaux-du-languedoc, le miner-

Mémoriser

Cueillez le thym au printemps, lorsqu'il est en fleur. Les cuisiniers utilisent parfois la seule fleur de thym qui donne un parfum délicieusement frais aux viandes et aux poissons. L'agneau pascal s'en sentira fort bien. Le romarin livre un arôme beaucoup plus puissant, d'où la nécessité d'en user avec modération. Les grillades de viande de mouton de l'été le supporteront bien. Quant au laurier, deux feuilles ligotées à quelques brins de thym participeront au bouquet garni nécessaire à bien des préparations culinaires, dont le pot-au-feu.

vois, le corbières ou le cabardès. Le dégustateur découvre des arômes de garrigue jusqu'en des terroirs aussi éloignés que les côtes-du-roussillon et les côtes-du-ventoux. Les cépages grenache, carignan et mourvèdre induisent fréquemment ce type d'arômes. Les conditions de maturation sous un climat chaud et sec ne sont certes pas étrangères à leur expression typée.

Le coteaux-du-languedoc

Produits dans un vaste amphithéâtre qui regarde la mer et s'adosse aux contreforts du Larzac, les coteaux-du-languedoc offrent des visages multiples. Les vins rouges présentent toutefois un point commun du fait de leur encépagement riche en grenache et de leur environnement méditerranéen. Dans une palette empreinte de fruits rouges mûrs se glissent des arômes de garrigue, mélange complexe de notes de plantes aromatiques sèches, de thym, de romarin, poussant sur les cailloux chauffés par le soleil ardent.

Les herbes sauvages
La menthe
et l'eucalyptus

Plantes des prairies, des rivages, des bois ou des montagnes...
Les herbes sauvages révèlent volontiers leur gamme au curieux.
Les vins n'ont conservé dans leur palette que quelques-uns
de ces dons de la nature, mais ils en déclinent toutes les nuances,
jusqu'à la menthe et l'eucalyptus.

Naissance d'un arôme

La molécule caractéristique de la menthe poivrée est le menthol. Son effluve, présent de façon subtile dans le bouquet de vins très soignés, est un arôme tertiaire. Le nez de certains vins blancs livre parfois une pointe de menthe verte provenant d'une molécule appelée carvone. Cette note presque fruitée n'apparaît, elle aussi, qu'après quelques années d'évolution en bouteille.

La senteur de l'eucalyptus est le fait du cinéol, alcool monoterpénique plus connu sous le nom d'eucalyptol. Tertiaire, cet arôme apparaît tardivement dans certains vins blancs. Une analyse en chromatographie phase gazeuse d'huile essentielle d'eucalyptus et de laurier révèle d'infimes différences entre leurs composants. Pourtant, nul ne penserait à remplacer le laurier par de l'eucalyptus dans un pot-au-feu. Le nez humain reste bel et bien un outil incomparable pour discriminer les arômes !

Découverte au naturel

L'eucalyptus est un arbre originaire d'Australie. Il en existe de très nombreuses espèces, dont les parfums diffèrent parfois sensiblement. L'Europe connaît les espèces *globulus*, *citriodora* et *camaldulensis*. Le parfum de référence est celui de l'*Eucalyptus globulus* dont l'huile essentielle

constitue la base d'un grand nombre de médicaments destinés à soigner la sphère pulmonaire.

Les menthes forment une vaste famille commune aux régions tempérées. Les plus répandues sont la menthe verte (*Mentha spicata*), populaire dans le thé vert au Maroc, la menthe aquatique (*Mentha aquatica*) qui envahit les cours d'eau, la menthe poivrée (*Mentha piperita*), la menthe commune des champs (*Mentha arvensis*), la menthe pouliot (*Mentha pulegium*) ou la menthe bergamote (*Mentha* x *spicata L. cv citrata*). Certaines variétés ont été sélectionnées et améliorées, tel le clone Mitcham, originaire d'Angleterre.

... Et dans les vins

Bien que les arômes végétaux soient plus fréquemment perçus dans la palette des vins blancs, la menthe poivrée marque plus souvent les vins rouges, dont certains bordeaux de grande lignée. L'arôme d'eucalyptus est rarement mentionné sur les fiches de dégustation, mais il apparaît à l'analyse de certains cabernets-sauvignons californiens ou australiens. Toutefois, nous avons relevé son sillage intense lors de la dégustation, en 1991, d'un alsace-muscat sec du millésime 1983. Son caractère a persisté dans les bouteilles de notre cave pendant des années et a piégé quelques amis dégustateurs au nez pourtant bien fin !

Difficile à repérer, le menthol est cependant un arôme assez fréquent dans les vins rouges de diverses origines géographiques, tous caracté-

risés par une évolution organoleptique avancée : grands bordeaux et bourgognes, vins du Languedoc, de la vallée du Rhône. La menthe verte, plus facile à distinguer, caractérise les vins blancs. Le chenin de la vallée de la Loire, à Saumur,

Mémoriser

Menthol et eucalyptol se trouvent mélangés avec le camphre et le salicylate de méthyle dans un grand nombre de préparations médicinales, que ce soit le baume du tigre (décongestionnant aromatique oriental) ou ces bâtonnets qui décongestionnent le nez. Vous trouverez en pharmacie des flacons d'huile essentielle d'eucalyptus qui serviront aussi bien à exercer votre odorat qu'à chasser les microbes de la maison ! Le menthol est très utilisé en confiserie pour la fabrication de bonbons. Cet arôme est alors appelé menthe blanche ou menthe forte. Il existe même une boisson pétillante aromatisée aux extraits de menthe poivrée. C'est aussi l'huile essentielle de cette plante que l'on verse sur un sucre, à raison de quelques gouttes, en cas de malaises légers. Le parfum de la menthe verte est souvent confondu par les enfants avec celui de la chlorophylle, confusion favorisée par certains chewinggums verts. De façon plus classique, la menthe verte est utilisée en Afrique du Nord pour parfumer le traditionnel thé vert.

exprime en vieillissant cette nuance. Dans le cour-cheverny, issu du rare romorantin, l'accent de la menthe verte rafraîchit la palette. En Bourgogne, le chardonnay est lui aussi susceptible de dégager des arômes de menthe en vieillissant.

Le cabernet-sauvignon de Californie

Est-ce la présence des eucalyptus en bordure de vignobles qui imprime cette note caractéristique à certains cabernets-sauvignons californiens ? Nul ne pourrait l'affirmer. Toutefois, certaines bouteilles se reconnaissent à cette touche sauvage, presque balsamique, lors de dégustations à l'aveugle. Le climat chaud et sec (il faut souvent irriguer les pieds de vigne) favorise une maturation extrême du cabernet-sauvignon. Le raisin perd ainsi tout caractère végétal pour développer des notes de fruits noirs très mûrs. Souvent associés à une empreinte marquée du bois neuf, les arômes de ces cabernets sont typés par un terroir qui se définit davantage par le climat que par la nature du sol.

Les herbes sauvages
La mélisse
et la verveine

Le nom de citronnelle évoque toute plante au parfum citronné, comme la mélisse et la verveine, ces herbes sauvages des jardins abandonnés. Le bouquet des vins blancs y puise une touche fraîche qui ajoute à son élégance.

Naissance d'un arôme

La molécule dénommée citral évoque le citron. Même un « nez moyen » peut distinguer l'arôme du citron jaune de celui de la mélisse ou de la verveine. Le citral se retrouve certes dans l'huile essentielle de citron, extraite du zeste, mais ce n'est pas la molécule prédominante. Pour obtenir une sensation proche de celle éprouvée en humant un zeste de citron fraîchement râpé, il faudrait mélanger judicieusement différents isomères du limonène, du citral, de la citronnelle et de quelques autres molécules. Lorsque c'est le citral qui prédomine, le dégustateur a davantage l'impression de percevoir la mélisse ou la verveine.

La présence de cette molécule dans le vin n'est pas une surprise. Le citral est un intermédiaire dans la chaîne métabolique menant à l'élaboration du linalol, molécule qui parfume agréablement la plupart des cépages muscats. En théorie, ses arômes peuvent apparaître dans tous les vins issus de ces raisins, ainsi que dans les vins de gewurztraminer. En réalité, ils demeurent assez discrets. Le pH et la température du milieu lors de la vinification jouent un grand rôle dans l'expression de ces notes très fugaces, car très réactives. Il pourrait donc s'agir d'arômes primaires.

Découverte au naturel

Lemon-grass et citronnelle sont deux plantes de la famille des Graminées qui libèrent, lorsque l'on froisse leurs feuilles, une odeur proche de celle de la mélisse ou de la verveine. Elles proviennent de l'Asie du Sud-Est. La mélisse (*Melissa officinalis*), autrement appelée herbe au citron ou piment des abeilles, est une plante courante dans les jardins. Cette labiée, qui ressemble un peu à l'ortie, affectionne les endroits humides, ombragés, où elle forme de belles touffes. Elle est utilisée depuis des millénaires dans la pharmacopée traditionnelle comme antiseptique. Ses feuilles intensément parfumées, considérées au Moyen Âge comme philtre d'amour, sont toujours appréciées pour leurs vertus digestives. La verveine citronnée (*Lippia citriodora*), à ne pas confondre avec la véritable verveine officinale, serait originaire du Chili ou de l'Argentine. On la cultive dans le sud-ouest de la France et, de façon intensive, au Maroc.

... Et dans les vins

Les vins secs de muscat offrent des senteurs de verveine ou de mélisse lorsqu'ils sont jeunes, mais ne conserveront pas cette fraîcheur végétale dans le temps. En revanche, les vins doux issus des différentes variétés de ce cépage libèrent une pointe de verveine qui persiste après quelques années de garde. Les grands vins liquoreux d'AOC sauternes surprennent le plus par des senteurs de cette famille. La pourriture noble joue sans doute un rôle dans la biogenèse de ces notes, à moins que ce ne soit le résultat de la concentra-

Mémoriser

Malgré son nom, l'eau de mélisse des Carmes n'est pas une bonne référence pour mémoriser l'arôme de la mélisse, du fait de sa trop forte teneur en alcool. Évitez de même la mélisse séchée des herboristeries : les arômes citronnés, très volatils, se concentrent sur les poils qui bordent les feuilles fraîches et disparaissent au cours du séchage. L'idéal est d'aller respirer la mélisse dans la nature, au mois de juin. L'odeur de la verveine est proche de celle de la mélisse, quoique plus forte et moins subtile. Les feuilles séchées, contrairement à celles de la mélisse, conservent longtemps leur parfum, qu'elles libèrent lorsque vous les brisez ou les faites infuser. Découvrez aussi la verveine du Velay, liqueur à base de verveine et d'une trentaine d'autres plantes élaborée en Haute-Loire : l'effet digestif de la plante est préservé... Le citral est responsable des délicieux arômes de mélisse que vous savourez dans les soupes asiatiques, notamment thaïlandaises : les petits bâtons qui restent au fond du bol sont des tiges de lemon-grass.

tion de la matière à l'intérieur de la baie. Dans le Sud-Ouest, le même phénomène sur les baies du petit manseng est à l'origine du jurançon, vin liquoreux.

D'autres vins blancs livrent au nez du dégustateur la fraîcheur de la verveine et de la mélisse. Tel est parfois le cas des vins de riesling ou de chardonnay. De grands meursault, en Bourgogne, en soulignent leur palette.

Le corton-charlemagne
À l'ouest de la Montagne de Corton, en Côte de Beaune, le corton-charlemagne est tout entier voué aux vins blancs. Le microclimat de ce versant exposé ouest sud-ouest favorise la finesse aromatique. Le chardonnay plonge ses racines dans des sols argilo-marneux qui impriment force et amplitude à ces vins de garde. Le nez évoque dans un premier temps les fruits blancs mûrs, le silex, avant de s'orienter, à la faveur du vieillissement en bouteille, vers des notes de verveine associées au miel, puis de truffe, de cuir et d'épices rares.

Le tabac

Les vins rouges vieillis en fût développent un arôme fin de cigare qui se marie à une palette de sous-bois, de cuir et de fruits noirs. Il en va de même des vins blancs dont les notes légèrement miellées évoquent parfois le tabac blond. Percevoir les nuances du tabac est un exercice voluptueux pour le dégustateur, sans aucun danger pour sa santé...

Les feuilles doivent subir une dessiccation, puis fermenter. La feuille juste séchée émet une odeur de foin léger. Avec le temps, des notes animales, des nuances d'épices, d'humus et de terreau apparaissent. L'origine de l'arôme de feuille de tabac séchée dans le vin est sans doute double : d'une part, la décomposition des carotènes présents dans la vigne, d'autre part, une évolution des tanins. Dans tous les cas, il s'agit d'un arôme sec, un peu dur, et bien moins recherché que celui du tabac blond. La note de tabac blond naît de la barrique. Il s'agit donc d'un arôme tertiaire, lié à l'élevage.

Découverte au naturel

Le tabac est une plante originaire des Caraïbes. Les habitants du Nouveau Monde l'utilisaient dans des rituels magiques et dans la pharmacopée traditionnelle. Les préhistoriens ont retrouvé principalement les traces de deux variétés, parmi la quarantaine existante. Ce sont le *Nicotiana rustica* et le *Nicotiana tabacum* (tabac de Virginie). Le nom latin vient de Jean Nicot, ambassadeur de François II au Portugal qui,

Naissance d'un arôme

L'arôme de la feuille de tabac séchée se distingue de celui du tabac blond et du coffret à cigares, lequel mêle notes boisées et résineuses. De même, la feuille de tabac fraîche émet des notes olfactives bien différentes des précédentes, mais elle ne participe jamais à la palette des vins. Comme les fragrances de la vanille, du thé ou d'autres plantes parfumées (aspérule, patchouli), celle du tabac dépend du travail de l'homme.

vers 1560, rapporta cette plante en France. En 1636, les premières plantations apparaissent à Clairac, dans le Lot-et-Garonne. Aujourd'hui, quelque 10 000 hectares de tabac sont encore cultivés dans l'Hexagone, le Bergeracois bénéficiant des travaux de recherche menés dans les laboratoires de l'Institut du Tabac, au domaine de La Tour.

On trouve dans nos jardins des variétés de tabac d'ornement dont les fleurs, aux jolis coloris, offrent un parfum délicat à la nuit tombante. Des plants de tabac sont utilisés dans de nombreuses grandes villes pour surveiller la qualité de l'air. Cette plante est en effet très sensible aux VOC (*volatile organic compounds*), c'est-à-dire aux molécules volatiles responsables de la pollution. Elle contient de la nicotine, un alcaloïde nocif à haute dose.

... Et dans les vins

L'arôme de feuille de tabac sèche demeure rare en dégustation. On le rencontre plutôt dans des vins rouges corsés. Un séjour sous bois peut cependant le renforcer. En revanche, la note de tabac blond, un peu miellée et douce, est perceptible dans les vins de chardonnay passés en fût neuf, comme dans un beaune déjà âgé. Elle se manifeste en outre dans de vieux vins doux naturels rouges, comme les rivesaltes ambrés ou les banyuls, ainsi que dans les portos *tawnies*.

Une nuance plus marquée vers le cigare apparaît fréquemment dans les vins rouges du Bordelais : côtes-

Mémoriser

Un voyage d'étude sur les cigares de Cuba est certainement le moyen le plus agréable de s'initier aux parfums subtils que la fermentation confère aux feuilles de tabac. Le climat particulièrement humide de l'île favorise la maturation de l'arôme et la parfaite conservation des cigares. Il n'est pas nécessaire de fumer pour apprécier le monde aromatique du cigare ; il suffit de humer *coibas* et *partagas*. Plus proche de vous, le musée du Tabac de Bergerac vous fera découvrir objets d'art et techniques. Évitez les cigarettes : l'arôme de la feuille est effacé par la profusion d'ingrédients destinés à créer une accoutumance. Les cigarettes brunes sont cependant fabriquées avec un tabac moins aromatisé, et vous pouvez exercer votre mémoire olfactive en utilisant cette espèce en voie de disparition qu'est le tabac gris, l'antique perlot. En Afrique du Nord, quelques échoppes vendent un tabac noir découpé dans une des grandes feuilles de *Nicotiana rustica*. En revanche, la plante fumée dans les narghilés au Maghreb et au Moyen-Orient n'est pas du tabac, mais un mélange le plus souvent aromatisé de façon surprenante à la pomme et à la fraise.

de-bourg ou saint-émilion grand cru, pauillac ou pessac-léognan. Le dégustateur perçoit également des arômes de ce type dans les vins rouges de la vallée du Rhône septentrionale, issus du cépage syrah. Le parfum du cigare agrémente ainsi les élégantes notes de framboise et de truffe de certains côte-rôtie.

Le porto tawny

Dans la vallée du Douro, sur des pentes vertigineuses cultivées en petites terrasses, les cépages du porto, comme le touriga nacional ou le touriga francès, produisent des vins riches et colorés qui, une fois mutés, entament un long vieillissement dans les chais de Vilanova de Gaia, face à la ville de Porto, à l'embouchure du fleuve. Cet élevage peut être mené à l'abri de l'air pour obtenir les portos *vintages* ou avec oxydation ménagée pour créer les *tawnies*. Les *tawnies* dévoilent une couleur ambrée, un nez évolué, riche en épices, en fruits secs et en cacao. La garde en bouteille favorise l'apparition d'une touche de tabac blond.

Le thé

Ambiance feutrée d'un salon anglais une fin d'après-midi... Rituel chinois ou japonais... Le thé évoque subtilité et raffinement. Les vins vieux, nés de raisins surmûris ou élevés en barriques mêlent discrètement cet arôme à leur bouquet déjà complexe.

Naissance d'un arôme

L'arôme de thé a besoin de temps pour se développer. Il n'apparaît que lors d'un séchage particulier, accompagné de fermentation. C'est au sein des feuilles séchées que se concentre l'essence. Cette note aromatique se classe naturellement dans la famille végétale ; elle se situe plus précisément entre le foin et le tabac dans le cycle de vieillissement des vins qu'elle embaume. Cette fragrance est souvent associée à de beaux tanins dans un vin âgé. Il s'agit ainsi d'un arôme tertiaire. Il ne faut pas s'attendre à retrouver dans le vin les tendres arômes des thés verts japonais, mais plutôt les délicates effluves des thés de Ceylan ou du Kenya.

Découverte au naturel

L'un des noms latins du théier est *Thea sinensis*. Toutefois, celui de *Camelia thea* est plus explicite, puisque cet arbre fait partie de la famille des camélias. Le mot thé provient du dialecte chinois amoy, « t'e ». Si le théier est vraisemblablement originaire d'Asie centrale, c'est en Chine, en Inde et au Sri Lanka que les plantations sont les plus importantes. Importé par la Compagnie hollandaise des Indes orientales, le thé fit son apparition sur les tables européennes au XVIIe siècle.

Il existe quatre types de thés : le blanc issu des bourgeons du théier, originaire de Chine et du Sri Lanka ; le vert, non fermenté, qui doit infuser dans une eau non bouillante pour conserver ses arômes très purs ; le semi-fermenté comme le Oolong de Chine et de Formose ; et le thé rouge ou noir. Suivant les terroirs et la partie de la plante récoltée, des appellations ont été définies, qui admettent des profils aromatiques distincts.

L'arc-en-ciel des arômes du thé passe ainsi des notes vertes des subtils matcha et gyokuro japonais jusqu'aux délicieuses évocations d'abricot sec et d'osmanthus des jardins de Darjeeling dans l'Himalaya. Entre les deux, on rencontrera les parfums évocateurs d'orange du Ceylan, les arômes boisés des thés du mont Kivu et bien d'autres encore, qui rempliraient à eux seuls tout un ouvrage.

... Et dans les vins

Le dégustateur perçoit l'arôme de thé en accompagnement des nuances de cuir dans les vins élevés en barrique ou dans de capiteux alsace-gewurztraminer vendanges tardives. Cependant, les plus beaux arômes de thé se manifestent lors de la dégustation des grands vouvray moelleux, produits au cœur de la Touraine. Sur les coteaux les mieux exposés, le bon vigneron doit

Mémoriser

Pour apprécier pleinement l'arôme de thé, préparez, dans une théière bien culottée (laver une théière est une hérésie !), une infusion puissante de 10 g de thé par exemple. Laissez infuser 5 mn ; agitez avec une cuillère, videz tout et humez l'intérieur du récipient. Bien sûr, cette intensité ne se retrouve jamais dans le vin, ni dans une tasse de bon thé qui ne peut infuser plus de 3 mn sans dévoiler un goût amer, mais cette expérience permettra à votre nez de s'étalonner.

attendre que son raisin atteigne la surmaturation avant de le cueillir par tries successives, c'est-à-dire par plusieurs passages quotidiens dans les rangs de vignes pour ne choisir que les grains mûris à point. Le chenin ne tarde pas à offrir cette fragrance de thé mêlée aux parfums de fruits mûrs, confits ou secs, suivant l'âge du vin. Des senteurs de vanille, de miel et d'épices enrichissent cette palette. De leur troisième à leur trentième année, ces vins évoluent magnifiquement dans les grands millésimes.

Le savennières

Grand vin sec d'Anjou, le savennières est issu des coteaux pentus et schisteux de la rive droite de la Loire, juste en aval d'Angers. Le chenin blanc y acquiert une belle maturité qui se traduit par des arômes de fleurs blanches et de tilleul soulignés de notes minérales. Grâce à sa vivacité, ce vin peut vieillir longtemps. Il gagne alors des nuances de noisette et de thé.

Le bois

Vieillir en fût, c'est pour certains vins faire la croisière de leur vie sans quitter le chai.
Ils en reviennent grandis, mûris, apaisés, imprégnés de saveurs et d'arômes inédits,
à condition que la vendange ait été de bonne qualité et que le maître de chai ait maîtrisé
l'apport du bois.

Naissance d'un arôme

L'arôme boisé correspond à l'odeur du bois de chêne utilisé en tonnellerie, qui est peu à peu absorbée par le vin lors de son repos en barrique. Ses caractères dépendent de nombreux facteurs : le type de bois utilisé pour confectionner le tonneau ; le séchage lent des merrains à l'air libre, l'intensité de la chauffe que les douelles ont subie pour être ployées ; le volume et la forme du tonneau, son âge (neuf ou de plusieurs vins) ; la durée du passage en fût ; la teneur en alcool du vin, *etc*. Le choix du tonneau résulte donc d'un dialogue entre le maître de chai et le tonnelier : le bois et la chauffe sont choisis en fonction de la vendange de départ et du produit attendu.

Les molécules véhiculées par le bois sont indénombrables : acides gallique, vanillique, syringique et ellagique, vanilline, syringaldéhyde, coniféraldéhyde, quercitol, furfural, hydroxyméthyl furfural et des centaines d'autres. L'arôme de bois dans le vin mériterait une étude scientifique approfondie et pourrait constituer à lui seul toute une famille aromatique.

Découverte au naturel

En 1669, Colbert, secrétaire d'État à la Maison du roi et à la Marine, instaure un véritable code forestier, favorisant le développement d'essences de qualité qui serviront certes à reconstruire la flotte de guerre de Louis XIV, mais aussi à créer des forêts historiques que les tonneliers exploitent aujourd'hui encore. Celle du Limousin, aux chênes à gros grain, et celle de Tronçais, dans l'Allier, aux chênes à grain fin et subtil, sont à ce titre remarquables. De France, dont les chênaies sont mondialement réputées, ou des Balkans (notamment de Bosnie et de Slovénie), le chêne sessile (*Quercus petraea*) et le chêne pédonculé (*Quercus robur*) sont les espèces les plus recherchées pour la fabrication de tonneaux. Le chêne américain (*Quercus alba*), autrement appelé chêne blanc du Tennessee, pousse aux États-Unis dans une zone comprise entre le Maine et la Floride, puis, à l'ouest, jusqu'au Minnesota et au Texas. Il sert non seulement à la maturation du whisky bourbon, mais aussi à l'élevage des vins en Californie, en Australie et en Espagne, particu-

lièrement dans la région du rioja. Au sein d'une forêt, tous les chênes ne sont pas de même qualité. Les arbres qui s'élèvent au centre de la futaie, à l'abri des intempéries, ont un bois goûteux et sucré, tandis que ceux de l'orée possèdent un bois vert et âpre. Inévitablement, le prix des chênes de futaie est le plus élevé en raison de leur accès difficile et du travail éprouvant pour acheminer le merrain à la tonnellerie. Contrairement au merrain américain, le bois de chêne européen possède une structure fibreuse telle qu'il doit être fendu et non scié pour éviter les risques de fuite.

... Et dans les vins

L'usage de la barrique dans l'élevage des vins a plusieurs objectifs. Une clarification plus aisée, une oxydation lente et ménagée au travers des douelles, de la bonde et lors des soutirages, un enrichissement des arômes du vin par des composés qui s'échappent du bois. La palette qui en est issue est aussi vaste que la gamme des bois employés. Si l'on s'en tient au chêne (mais on a longtemps utilisé le châtaignier ou d'autres essences), on distingue les arômes de bois encore vert, dus à un séchage insuffisant, et ceux, beaucoup plus nobles, de bois séché.
Dans le premier cas, le dégustateur parle d'arômes de planche sciée, de sciure, de bois vert qui révèle une odeur végétale de sève, parfois de composés évocateurs de résine ou de pin. Dans le second cas, les

douelles bien séchées apportent des notes de vanille, de balsa, quelquefois de bois exotiques, de cannelle et toute la série des arômes de torréfaction nés de la chauffe (cf. encadré).
La palette aromatique varie aussi grandement selon la variété de chêne : le chêne français est épicé et vanillé avec mesure ; le chêne américain, ou chêne blanc, est plus exotique, avec cette note caractéristique de whisky-lactones très vanillée, à laquelle se mêlent des accents balsamiques et lactés de noix de coco. La note de cèdre apparaît dans les très grands vins de cabernet-sauvignon élevés dans les bois de Tronçais. À l'intérieur de

Mémoriser
La visite d'une tonnellerie, dans le Bordelais, dans le Cognaçais ou en Bourgogne, vous permettra de découvrir, auprès d'hommes passionnants, les arômes de bois. Vous comprendrez ce qui fait la qualité d'un fût : fente du bois, séchage à l'air libre, montage et chauffe... L'atelier d'un menuisier ou d'un ébéniste vous familiarisera aussi avec les différentes essences de bois. Forts de cet enseignement, promenez-vous dans cette cathédrale d'arbres qu'est la forêt de Tronçais, dans l'Allier, ou dans les magnifiques futaies du Limousin, dont le bois si dense évoque le granite sous-jacent.

chaque famille, l'origine des bois induit également des différences sensibles, mais le plus étonnant est la réaction unique de chaque bois avec le vin. Chaque vin réagit à sa manière avec les divers types de bois, et le vigneron consciencieux se doit de rechercher la meilleure association. Dans tous les cas, l'aromatisation d'un vin avec du bois n'est pas une fin en soi : les arômes de barrique doivent être intimement mariés à ceux du vin et non plaqués. L'idéal est de ne plus distinguer le bois lorsque le vin atteint sa phase de maturité.

L'influence de la chauffe
CHAUFFE FAIBLE
Vanille, épices douces, cannelle, pain chaud, pain d'épice.
CHAUFFE MOYENNE
Vanille, croûte de pain, clou de girofle, noix muscade, tabac, châtaigne grillée.
CHAUFFE MOYENNE +
Pain grillé, café torréfié, cacao, réglisse.
CHAUFFE FORTE
Caramel, pain brûlé, cachou, fumée, suie, brûlé, âtre de cheminée.

Le sous-bois

L'automne est le temps des vendanges et de la fermentation du raisin. C'est aussi la saison des plus belles promenades en forêt. Les senteurs de champignons, de mousse et de bois se mêlent en un subtil accord : le sous-bois. Vous vous en souviendrez en dégustant un vieux vin issu d'un grand terroir.

Naissance d'un arôme

Le sous-bois est un arôme tertiaire qui apparaît lors des dernières phases de la maturation du vin. Les vins qui ont du bouquet permettent d'étudier le phénomène de « perspective olfactive ». Ce terme caractérise la superposition harmonieuse des arômes primaires, secondaires et tertiaires lors de l'analyse olfactive. Une telle perception s'apparente à la contemplation d'un tableau représentant, sur un seul plan, une longue allée bien droite qui traverse successivement une prairie en fleur, un verger en fruit et... un sous-bois. On retrouve dans l'arôme de sous-bois des notes d'humus, de champignons, de mousse, de feuilles mortes, de gibier et de boisé. La molécule qui évoque particulièrement l'odeur de l'humus et de la mousse s'appelle la géosmine. On peut percevoir son arôme terreux en mangeant des betteraves rouges ou en buvant de l'eau à l'un de ces robinets de jardin peu utilisés. La géosmine est synthétisée par des champignons microscopiques. Si le sous-bois peut contribuer à la complexité du vin, il ne doit jamais être trop prononcé ni dévier vers des accents défectueux de moisi.

Découverte au naturel

Il existe toutes sortes de sous-bois : les sous-bois de résineux, dont le sol disparaît sous une couche parfois épaisse d'aiguilles ; les sous-bois de feuillus au cœur desquels le naturaliste pénètre en foulant au pied un tapis bruissant de feuilles mortes, plus ou moins décomposées. Les odeurs émises par ces deux écosystèmes ne sont pas les mêmes. Les senteurs de sous-bois de feuillus sont bien plus complexes, les essences diffusées par les résineux ayant pour effet de modifier la nature du sol et de restreindre la variété des espèces végétales à proximité. En outre, certaines forêts ne facilitent pas le développement d'un sous-bois, parce qu'elles offrent une trop faible luminosité. C'est notamment le cas des hêtraies.

... Et dans les vins

La note délicate de sous-bois se distingue dans les grands vins du Médoc et du Libournais, mêlant humus, feuille morte et fougère. Les assemblages à majorité de cabernet franc, à leur apogée, en sont évocateurs non seulement dans le Bordelais, mais aussi dans la vallée de la Loire, dans les chinon et les bourgueil. Ce cépage apporte aussi des notes végétales de bois de ronce ou de feuille de lierre qui complètent le tableau aromatique. Le merlot, avec des notes animales de venaison, c'est-à-dire de gibier, participe à ces orchestres jouant les harmonies de novembre, que ce soit dans le saint-émilion, le pomerol ou le moulis. En Bourgogne, dans la Côte chalonnaise, le mercurey, issu de pinot noir, dévoile lui aussi des humeurs forestières. Aux fruits rouges (cerise, framboise et cassis) de sa jeunesse succèdent des notes de sous-bois. De bonne garde, ce vin attend volontiers de cinq à huit ans avant de se présenter à table. Ses voisins de la Côte de Beaune, comme le pommard, ne sont pas en reste et évoquent une même poésie automnale. Les vins des terroirs méridionaux dévoilent aussi les arômes de sous-bois : châteauneuf-du-pape des bonnes années, maury de quinze ans d'âge, rioja d'une décennie. En règle générale, cet arôme apparaît dans les vins élevés en barrique et

Mémoriser

La fragrance du sous-bois a intéressé les parfumeurs, qui se sont passionnés pour certains lichens appelés mousse de chêne. Ces plantes fournissent la matière d'une famille de senteurs appréciées en parfumerie : les chyprés.

après quelques années de vieillissement en bouteille. S'il caractérise les vins rouges, le sous-bois peut être perçu dans de grands vins blancs, les plus prestigieux étant les montrachet, ainsi que les corton-charlemagne dans lesquels cet arôme exalte le parfum de la truffe.

Le pommard

Premier village viticole au sud de Beaune, Pommard produit uniquement des vins rouges de pinot noir. Les coteaux argilo-calcaires s'enrichissent de marnes en milieu de pente. Des *climats* classés premiers crus comme Les Rugiens et Les Épenots auraient pu prétendre à la catégorie de grand cru. Les pommard sont réputés solides et charnus, parfois austères dans leur prime jeunesse. Après quelques années de bouteille, ils dévoilent un beau fruité : fruits noirs et petite cerise. Puis, au bout de dix ans de garde, ils expriment des arômes de cuir, d'épices, de chocolat et une note complexe de sous-bois, mélange de feuilles mortes et de mousse.

La fougère

D'où vient cet arôme évocateur d'un sous-bois plus ou moins ombragé, tapissé de fougères ? Le chardonnay l'a adopté pour conserver une pointe de fraîcheur à ses grands vins blancs de garde.

Naissance d'un arôme

La fougère est un arôme rare et complexe qui n'a pratiquement pas fait l'objet d'étude biochimique. Peut-être s'agit-il d'un effet du terroir sur le cépage chardonnay. Si l'on s'en tient à la chimie des parfums, il est vraisemblable que l'on se trouve en présence d'un mélange de molécules comprenant des acides organiques, des aldéhydes et des composés phénoliques.

Découverte au naturel

Les fougères composent une vaste famille, plus ancienne que la plupart des autres végétaux ; on en retrouve des fossiles dans des strates très anciennes et certaines espèces ont traversé le temps pratiquement sans évoluer. Tel est le cas des fougères arborescentes, à la taille parfois impressionnante. S'il ne pousse pas de fougère arborescente dans les sous-bois français, bien d'autres espèces en tapissent le sol. Certaines ont bénéficié d'études approfondies, la fougère mâle (*Polypodiacée filix-mass L.*) par exemple, dont le rhizome possède une odeur faible mais identifiable lorsqu'il est frais (il servait jadis de vermifuge puissant). La fougère femelle, ou fougère à l'aigle (*Asplenium filix-femina*), et la fougère royale se rencontrent fréquemment. Le rhizome de certaines fougères libère un arôme rappelant la réglisse. Toutefois, ce sont plutôt les lichens qui fournissent, après certains traitements, des parfums de fougères. On les appelle mousses d'arbre, et le genre le plus recherché est la mousse du chêne (*Evernia prunastri*). Les lichens étant des symbiotes entre une algue et un champignon, l'odeur qui s'en exhale après quelques mois de conservation évoque tout à la fois le sous-bois et le bord de mer. Les autres espèces communément utilisées en parfumerie sont *Evernia furfuracea* et *Usnea barbata*.

... Et dans les vins

Le parfum de la fougère est très subtil et recherché dans les vins. Il est bien difficile à décrire car il évoque un sous-bois clair de chênes, sans toutefois dévoiler les notes d'humus ou de champignons des sous-bois ombragés. On a pu le comparer à l'odeur de la mousse de chêne, sorte de lichen vert-de-gris poussant sur les branches des arbres dans les forêts. On décèle la note de la fougère dans de grands vins de garde, qu'ils soient rouges ou blancs. Max Léglise considérait l'arôme de la fougère comme une

Mémoriser

Vous mémoriserez la senteur de fougère en forêt vers la fin de l'été. Récoltez ces plantes, puis laissez-les sécher : vous les utiliserez pour pailler les planches fragiles aux gelées de votre potager. Au moment où la faux coupera les tiges solides, l'arôme de la fougère s'exprimera pleinement. La fougère s'illustre en parfumerie dans des flacons aussi célèbres que *Jicky* de Guerlain, *Canoë* de Dana, *Drakkar Noir* de Guy Laroche, *Tsar* de Van Cleef & Arpels, sans oublier *YSL* d'Yves Saint-Laurent. Ces créations contiennent de la mousse de chêne et de la lavande. Dans *24 Faubourg* de la maison Hermès, les aspects marins et les notes d'humus s'équilibrent.

caractéristique, en Bourgogne, du puligny-montrachet, particularité permettant de le distinguer de ses voisins nés du même chardonnay. Toujours en Bourgogne, la fragrance de la fougère se retrouve au nez et en bouche lors de la dégustation du charmes-chambertin, grand cru rouge de pinot noir, après cinq à dix ans de garde.

Le pouilly-fumé

Sur la rive droite de la Loire, dans sa partie centrale, le vignoble de pouilly-fumé couvre de beaux coteaux orientés au sud. Le sauvignon y exprime beaucoup de finesse et de maturité, avec des différences en fonction du sol : silex, marnes ou « cris » (calcaires). C'est peut-être ici que ce cépage livre l'arôme de bourgeon de cassis le plus élégant. Le pouilly-fumé souligne sa palette d'une ligne d'agrumes (pamplemousse) marquée. La note végétale qui l'accompagne est noble : elle associe la menthe à la délicate fougère.

Les champignons

Cèpes, morilles, girolles, lactaires délicieux, trompettes de la mort, coulemelles, truffes... Leur farandole de parfums invite à se réchauffer près du fourneau pour cuisiner un festin automnal. Le seul mot de champignon a comme une résonance de terroir malicieux.

Naissance d'un arôme

Si l'arôme de champignon se fond assez souvent dans l'accord de sous-bois, il peut s'en détacher pour devenir distinctement identifiable. Il résulte alors d'une molécule baptisée morillol, ou 1-octène 3-ol. Celle-ci est synthétisée lors du processus d'oxydoréduction qui se déroule pendant la garde du vin en bouteille. Bien que son origine reste non élucidée, cette molécule provient vraisemblablement de la dégradation des caroténoïdes du fruit. Le champignon est donc un arôme tertiaire.

L'octénol est présent dans presque tous les champignons, ainsi que dans le parfum de certaines fleurs : il apparaît en quantités non négligeables dans l'essence de lavande fine. Ses autres noms sont : amyl-vinyl carbinol et matsutake alcool. Le matsutake

(*Tricholoma matsutake*) est l'un des champignons les plus recherchés par les Japonais pour ses délicieux arômes de sous-bois à l'automne.

Découverte au naturel

La forêt recèle des milliers de ces êtres mycologiques, dont les parfums extrêmement variés constituent des indices pour l'identification des espèces. La note farineuse du clitocybe nébuleux (ou nonnette voilée) ou l'haleine anisée du clitocybe odorant sont aussi caractéristiques que les exsudats du lactaire délicieux. Quelques champignons se singularisent : le lactaire odorant (*Lactarius impolitus*) évoque la noix de coco ; le cortinaire pailleté (*Cortinarius paleaceus*), la feuille de géranium ; les inocybes (*Inocybe piriodora* et *Inocybe Bongardi*), la poire ; le mousseron d'automne (*Marasmius oreades*), l'amande amère ; le mousseron de la Saint-Georges (*Calocybe gambosa*) ou le dangereux entolome livide (*Entoloma lividum*), la farine fraîche ; le cortinaire (*Cortinarius percomis*), le raisin muscat.

... Et dans les vins

La note de champignon se manifeste après aération d'un vin âgé, rouge ou blanc. Toutefois, dans la mesure où il s'agit d'un arôme tertiaire, c'est-à-dire présent dans un milieu assez fragile, l'aération doit être de courte durée. Le champignon s'associe à d'autres nuances du bouquet, comme le sous-bois.

Les dégustateurs le perçoivent dans des vins de Touraine ou d'Anjou, ou encore dans des saint-émilion, dans certains crus du Beaujolais ou dans des vins du Sud-Ouest. Dans les vignobles méridionaux, une touche de champignon peut se glisser dans la palette puissante d'un vieux châteauneuf-du-pape.

Cependant, c'est en Bourgogne que cet arôme est bien synonyme de grands vins. Le champignon participe alors à des feux d'artifices olfactifs dans les meilleurs vins rouges de la Côte de Nuits, tout particulièrement dans les morey-saint-denis et les vosne-romanée parvenus à leur apogée : les arômes de fruits rouges (cerise notamment) se mêlent à une gamme plus complexe qui va du champignon au café torréfié, en passant par l'humus et la truffe. Dans le Chablisien, le chardonnay offre des vins délicats, dont les senteurs d'acacia, d'amande et de pierre à fusil se marient à une note de mousseron des prés.

Mémoriser

Composez un bouquet rappelant une forêt à l'automne. Quelques rameaux de pin et de chêne apporteront les notes boisées. Comparez les senteurs des champignons de Paris, des cèpes, des pleurotes et des truffes. Ces dernières évoquent davantage les champignons séchés, à mi-chemin entre le végétal et l'animal.

En Italie, le barolo piémontais cristallise la truffe dans sa palette. Ce champignon précieux s'exprime aussi avec franchise en Bordelais dans les pomerol d'une dizaine d'années, ainsi que dans les cahors du Sud-Ouest. En blanc, les vieux jurançon secs et les hermitage émettent cette note après cinq ans de garde. Mais le vieillissement n'est pas toujours à l'origine de l'arôme de truffe, certains cabernets californiens s'expriment dans ce registre dès leur jeune âge.

L'hermitage blanc

Le coteau vertical de l'hermitage, aux sols d'arènes granitiques, est l'un des hauts lieux de la viticulture française. Planté de syrah pour les rouges, de roussanne et de marsanne pour les blancs, il donne naissance à de grands vins de garde dans les deux couleurs. Les vins blancs, gras et ronds, débutent leur vie dans le registre floral. Ils vieillissent en dehors de tout critère habituel, en dévoilant des notes de cire d'abeille, d'épices orientales, et prennent souvent une nuance intense de truffe.

Le poivron vert

Plante aux origines américaines, le poivron a conquis la gastronomie de tous les continents. Dans l'univers du vin, son arôme signe le cabernet franc et le cabernet-sauvignon, cépages rouges universellement reconnus pour leurs qualités gustatives.

Naissance d'un arôme

Pour le chimiste, les molécules de la famille des pyrazines sont souvent synonymes d'odeurs de grillé ou de fumée. Seules quelques-unes d'entre elles présentent ces arômes de légumes ou de fruits. La 2 méthoxy-3 isobutyl-pyrazine en fait partie. Elle donne naissance à la note olfactive caractéristique des cépages rouges cabernet-sauvignon et cabernet franc. Le poivron vert, arôme primaire, préfermentaire, apparaît dès que le raisin est pressé : la décompartimentation cellulaire permet alors aux enzymes d'agir sur les précurseurs d'arômes. Il est particulièrement sensible lorsque le début de la fermentation a souffert d'un manque de chaleur ou que la vendange manquait de maturité. Cette molécule est également présente dans le sauvignon, cépage blanc très aromatique. La note de poivron vert se fond dans l'accord « buis », où elle est dominée par une molécule soufrée. Intimement mêlé au fruité, l'ensemble est alors flatteur.

Découverte au naturel

Le poivron (*Capsicum annuum L.*) est une plante originaire du continent américain que les anciens Mexicains consommaient, il y a neuf mille ans, dans la vallée de Mexico, et qu'ils appelaient *chilli* en langue nahuatl. Il se répandit ensuite grâce aux portugais vers les Indes orientales, l'Asie du Sud-Est et l'Afrique. Les Européens le découvrirent véritablement au XVIe siècle, lors de l'extension de l'empire ottoman : « Ces secousses visuelles ou olfactives, cette joyeuse chaleur pour les yeux, cette brûlure exquise pour la langue ajoutaient un nouveau registre au clavier sensoriel d'une civilisation qui ne s'était pas doutée de sa fadeur », écrit Claude Lévi-Strauss dans *Tristes Tropiques*.

Certaines variétés de poivron – les piments – possèdent une saveur brûlante. Le « piquant » d'un piment se mesure à sa teneur en capsaïcine, molécule responsable de la sensation de brûlure. Celle-ci s'accumule dans les graines et les côtes internes du fruit. On estime la force d'un piment suivant l'échelle de Scofield, qui commence à 0 pour le poivron pour aller jusqu'à 30 000 pour le piment habanero.

... Et dans les vins

L'arôme du poivron vert est perceptible à la dégustation des vins du Bordelais ou de la vallée de la Loire. Issus des terroirs de prédilection des cabernet-sauvignon et cabernet franc – margaux, moulis, listrac, pauillac, saint-julien, et saint-estèphe dans le Médoc ; saumur et, plus encore, saumur-champigny dans la Loire –, ces crus mêlent des fragrances fruitées à des senteurs de poivron vert. Les vignobles les plus propices à la découverte de cet arôme sont ceux des AOC bourgueil et saint-nicolas-de-bourgueil, en Touraine, qui privilégient le cabernet franc, appelé localement « breton ». Le poivron vert se fond dans une palette dominée par la framboise. Lorsque son accent est perceptible, les vins « bretonnent », selon l'expression des dégustateurs. Les bourgueil et saint-nicolas-de-bourgueil issus de sols de graves livrent un nez et une bouche particulièrement aromatiques, frais, dès leur jeunesse ; ceux nés sur tuf sont plus structurés et se développent plus lentement dans le temps.

Quant au cépage sauvignon, il a

colonisé le Berry et le Nivernais où il donne naissance au sancerre, au menetou-salon et au reuilly. Dans le Bordelais, l'appellation entre-deux-mers lui doit beaucoup. Toutefois, la note de poivron vert est loin d'être estimable lorsqu'elle domine ces vins pleins d'allant. Elle doit rester subtile, apportant de la fraîcheur au nez de bourgeon de cassis, de buis et de pamplemousse.

Le saumur-champigny

Sur la rive gauche de la Loire, à hauteur de Saumur, le vignoble est ceint de murs de pierre. Les sols sablo-graveleux ou argileux reposent sur un substrat crayeux. Le cabernet franc s'exprime différemment en fonction de sa maturité. Les millésimes marqués par le soleil se reconnaissent aux arômes de framboise et de cassis ; les années plus modestes, aux notes végétales, comme la menthe ou le bourgeon de cassis. Mais, dans tous les cas, l'arôme de poivron se révèle, depuis le poivron rouge jusqu'au poivron vert, toujours selon la climatologie.

Le santal

Un charme oriental souffle sur le Bordelais. L'arôme de bois de santal se dégage subtilement d'un margaux ou d'un pessac-léognan pour ajouter une note spirituelle au bouquet déjà complexe de ces vins. Souvent associé à la note de tabac, il évoque parfois la boîte à cigares.

Naissance d'un arôme

« Bois précieux », l'expression recouvre bien l'aspect boisé du santal comme son caractère épicé-sucré, riche et exotique. Arôme tertiaire, le santal apparaît dans les vins rouges essentiellement originaires du Bordelais. Quelle en est l'origine biochimique ? La réponse n'est pas simple, tant les facteurs y contribuant sont nombreux : le passage en fût de chêne neuf, l'apport d'arômes épicés de certains cépages, des notes herbacées, du type coumarine, amenées par la rafle. Une étude approfondie sur la modification des styles aromatiques engendrée par le bois de chêne suivant ses origines serait la bienvenue. Dans sa complexité, le santal témoigne d'une harmonie entre l'influence du raisin et celle du tonneau.

Découverte au naturel

Parmi les variétés de santal, la plus prisée pour son parfum est le santal blanc : *Santalum album L.* Cet arbre, qui peut atteindre une douzaine de mètres de haut, appartient à une famille d'hémiparasites qui se développent en plantant des suçoirs dans les racines d'autres espèces. C'est dans le sud de l'Inde, aux alentours de la ville de Mysore, que le santal blanc est cultivé. Des temples entiers ont été sculptés, d'innombrables objets artisanaux confectionnés dans son bois odoriférant, et l'huile essentielle que l'on en tire par distillation entre dans la composition de multiples produits cosmétiques et lessiviels. Un tel succès a bien failli être fatal au santal ; aussi son exploitation est-elle désormais contrôlée par l'Administration indienne qui met les coupes en adjudication chaque année, chaque tronc étant identifié par une marque spécifique.

... Et dans les vins

Dans la région bordelaise, l'une des composantes du parfum de santal est vraisemblablement induite par le cépage cabernet-sauvignon, sans que l'on sache exactement comment. À moins que le petit verdot... Lorsque le santal se manifeste à la dégustation, il importe de tenir compte non seulement des proportions relatives des différents cépages, mais aussi du passage en barrique neuve.

En explorant le terroir de l'appellation margaux, le visiteur est loin du Taj Mahal. Pourtant, il y découvre des chefs-d'œuvre fleurant le santal. Les vignerons de l'AOC pessac-léognan sont eux aussi capables de contrôler certains souffles orientaux. Et les meilleurs maîtres de chai composent, à l'instar des nez de la parfumerie, des bouteilles magiques où le cassis et la cerise se fondent en un accord subtil avec la rose et le santal.

Mémoriser

Certes, le santal est moins courant que la framboise ou la pomme sous nos latitudes, mais vous pouvez en mémoriser l'arôme en humant des savons parfumés ou des parfums et eaux de toilette à base de santal : *Samsara* de Guerlain, *Santal* de Roger-Gallet. Vous trouverez de petits flacons d'essence plus ou moins naturelle de santal dans les boutiques spécialisées en produits orientaux. Leur intensité olfactive est puissante. Évitez de les sentir avant une dégustation. Autre source de parfum : les bâtonnets d'encens qui ne doivent pas nécessairement brûler pour émettre leur arôme.

Enfin, on ne peut éviter un détour par l'orient extrême du continent bordelais : les châteaux de saint-émilion grand cru peuvent produire des vins à l'haleine de santal.

Le pauillac

L'appellation reine du Médoc, qui compte trois premiers crus classés – Latour, Lafite et Mouton-Rothschid –, est installée sur les plus belles croupes de graves du günz de la presqu'île. Le cabernet-sauvignon y est largement majoritaire, épaulé par le merlot, le cabernet franc et le petit verdot. Il marque les vins de ses arômes de cassis et de griotte, associés à la vanille et au boisé hérités de l'élevage en barrique. Les notes de fumée et de cuir apparaissent au vieillissement. Après une dizaine d'années, celles de bois précieux et de santal s'installent au cœur d'une palette complexe. Dans les bons millésimes, la bouche associe alors la puissance de tanins au grain lissé à la sève d'une matière profonde et aromatique.

La résine de pin et la cire d'abeille

Un parfum rappelant les crus de l'Antiquité longuement conservés dans des amphores enduites de résine. Plus subtiles dans les vins d'aujourd'hui, les notes de résine de pin et de cire d'abeille confèrent originalité aux rouges comme aux blancs.

Naissance d'un arôme

L'arôme de résine de pin naturelle provient d'un mélange d'alpha et de béta-pinène. D'autres molécules interviennent à de moindres concentrations : le limonène, le myrcène, le delta-3-carène, le béta-caryophyllène et le germacrène-D. Quelques-unes ont également été identifiées dans le vin, telles les deux pinènes, le limonène et le béta-caryophyllène. La biogenèse de ces produits est peut-être modulée dans les vins par un effet de terroir.

La note aromatique de cire d'abeille évoque le parfum du miel associé à une touche d'huile de lin. Elle pourrait naître de la perception olfactive d'un mélange de dérivés de la coumarine, résultant d'une oxydation. Cet arôme, qui proviendrait en partie du 4-hydroxyéthylphénol, est indissociable des vins blancs évolués et s'inscrit donc comme un arôme tertiaire. Le dégustateur le perçoit en fond de verre.

Découverte au naturel

Dans la famille des *Pinus*, pin maritime, pin sylvestre, pin Douglas, pin laricio, pin noir d'Autriche, pin d'Alep ne sont pas rares sous nos climats tempérés. Dans le Sud-Ouest, la forêt de pins maritimes des Landes offre un bel exemple de l'impact de la culture sur le paysage. Jusqu'au règne de Napoléon III, les landes composaient des zones sauvages, à végétation courte entrecoupée de marais. L'essence de térébenthine, obtenue en distillant la résine de pin, représentait une matière première recherchée par l'industrie de la chimie de synthèse, alors à ses débuts. D'où la plantation de ces forêts immenses qui firent vivre des milliers de familles chargées de la scarification des troncs d'arbres et de la récolte de la gemme.

La cire d'abeille est une substance élaborée par l'*Apis mellifera* pour confectionner les rayons des ruches où seront entreposés miel, œufs et larves.

... Et dans les vins

Le dégustateur perçoit l'arôme de la cire d'abeille lorsqu'il hume le fond d'un verre de vin blanc moelleux issu des nombreux terroirs favorables à la surmaturation du raisin, ou d'un rosé assez doux, comme le rosé d'Anjou et certains coteaux-du-quercy. Cette note apparaît également dans les vins blancs liquoreux du Bordelais comme les sauternes-barsac et loupiac.

L'arôme de résine de pin s'exprime intensément dans les vins puissants originaires des terres brûlées de soleil et parsemées de pinèdes des zones méridionales ; il est alors associé à la notion de garrigue. Les cabernets cultivés en pays chauds et secs sont coutumiers de cette note, mais c'est en pessac-léognan qu'elle se manifeste avec le plus de finesse. Le lien existant entre le vin et la résine est fort ancien. Les Grecs et les Romains avaient coutume de mêler aux crus de l'Antiquité une quantité de baumes tirés d'espèces résineuses. Les vignerons pensaient ainsi conserver plus longtemps ces breuvages. Il était aussi très courant d'enduire l'intérieur des amphores de résine afin de les rendre étanches. Il semble en outre que les consommateurs appréciaient ce goût.

Mémoriser

L'atelier de l'apiculteur vous enchantera de ses parfums de cire, notamment au moment du désoperculage, quand les alvéoles sont ouvertes pour récolter le miel. Vous trouverez parfois des pots de miel dans lesquels demeure un morceau du rayon. Ramassez en forêt des morceaux d'écorces de pin d'essences différentes et comparez leur senteur. La sève des pins est utilisée pour confectionner des bonbons fortement recommandés en cas de gros rhume. Les gourmands trouveront aussi des liqueurs aux bourgeons de pin.

Aujourd'hui, le dégustateur retrouve ces sensations singulières dans une spécialité de l'Attique : le retsina. Ce vin blanc, issu du cépage savatiano, est additionné de résine de pin d'Alep au cours de sa fermentation. Les parties de la résine non dissoutes restent avec la lie lors du soutirage. Il existe aussi un vin rosé résiné élaboré à partir du raisin rhoditis.

Le pessac-léognan

Pessac-Léognan est le territoire historique des vins de Bordeaux, aux portes de la ville, qui compte dans ses murs l'un des plus grands châteaux : Haut-Brion. Sur un terroir où alternent forêts et croupes graveleuses, prospèrent cépages rouges et blancs. Le cabernet-sauvignon et le merlot produisent des vins d'un grand classicisme, dont la bouche satinée est soutenue par des tanins polis. Les arômes évoquent d'abord les fleurs (violette parfois), les fruits rouges mûrs, la fumée. Certains crus comme le Domaine de Chevalier leur associent une note de pin.

La réglisse

Réminiscence digne de la madeleine de Proust, la réglisse fait resurgir l'enfance, quand, à la sortie de l'école, on déroulait, avec un plaisir non dissimulé, les longs rubans noirs. Le dégustateur retrouve une sensation aussi délicieuse dans la recherche de cet arôme.

Naissance d'un arôme

La perception de la réglisse s'apparente à une sensation gustative sucrée, évoquant à la fois la racine, le caramel, l'anis et la menthe, avec un léger caractère de violette. Cette plante fut longtemps appelée « bois doux » ou « racine douce », allusion à cette douceur que dénote aussi le nom latin *Glycyrrhiza glabra*. Le radical *glyco* signifie doux, sucré, d'où glucose, glycémie ou encore glycérol (produit présent naturellement dans le vin et qui lui donne du moelleux). Le terme de flaveur s'applique bien à la réglisse qui génère une sensation tout à la fois gustative et olfactive.

Pour certains, l'arôme de réglisse entre dans la catégorie des boisés, pour d'autres il s'agit d'une senteur végétale ; pour d'autres encore, il rappelle les épices, mais sans le côté ardent. Il se manifeste surtout en arrière-bouche, c'est-à-dire en rétro-olfaction. La réglisse est un

arôme tertiaire qui, pour le physio-
logiste, résulte de la perception de
la glycyrhizine, une molécule au
pouvoir cinquante fois plus sucrant
que le saccharose.

Découverte au naturel

La réglisse est un arbrisseau originaire du Moyen-Orient, qui croît
abondamment en Espagne et en
Calabre, plus rarement dans le sud
de la France. Son feuillage ressemble
à celui de l'acacia. Le rhizome d'une
autre plante possède un goût
réglissé, celui d'une fougère appelée
polypode (*Polypodium vulgare*) ou
réglisse des bois ; il était autrefois
utilisé en confiserie en remplace-
ment de la véritable réglisse.
Les bâtons de réglisse que l'on
mâchonne sont des segments de
rhizomes séchés de la plante. Les
extraits de réglisse entrent dans certaines préparations pharmaceutiques
calmant les gastrites et les ulcères à
l'estomac. Les soldats des armées
d'Alexandre et de César en usaient
pour supporter les effets des longues
marches sous le soleil.

... Et dans les vins

La réglisse confère un caractère
sérieux au vin, ainsi qu'une impression de puissance. Elle apparaît
généralement dans les vins rouges,
mais peut être perceptible dans certains alsace-gewurztraminer. Dans
les vins du Bordelais et du Sud-
Ouest, à forte proportion de merlot,
elle se mêle à des arômes de fruits
noirs (pruneau, mûre) et à des notes
animales : il suffit de déguster un

saint-émilion, certains bordeaux
supérieurs, bergerac ou pécharmant
pour le percevoir.
Sa note devient plus caractéristique
encore dans les vins élaborés à partir du cépage mourvèdre et de la
syrah rhodanienne. En Provence, le
dégustateur apprécie dans de vieux
bandol le bouquet complexe
mariant cannelle, vanille et réglisse
dans le registre épicé. En Languedoc, dans le faugères et le fitou, le
carignan confère de puissants
arômes épicés, parmi lesquels se
distingue la douceur de la réglisse

Mémoriser

Les friandises à base de réglisse
sont légion : Car en Sac, rou-
leaux de réglisse, figurines
diverses et, bien sûr, bâtons.
Mais la réglisse est alors souvent
associée à d'autres arômes ;
saurez-vous les identifier ? La
capitale française de la réglisse
est la ville d'Uzès dans le Gard,
où la marque Zan fut déposée
le 7 juillet 1884. Le Zan
contient 58 % de réglisse,
complétée par de l'anis, de la
menthe ou de la violette.
L'anis et la réglisse font les bons
pastis : ces deux fragrances se
fondent de façon remarquable
et sont souvent perçues comme
une sensation unique. Pourtant,
un dégustateur expérimenté
perçoit l'anis au début de la
dégustation et une sensation
réglissée persistant jusqu'en fin
de bouche.

apportée par le mourvèdre. La vallée du Rhône est la terre d'élection
de la syrah. Elle s'exprime seule
magnifiquement en côte-rôtie ou
hermitage. Ce cépage s'allie au
mourvèdre et participe à l'apparition d'arôme de réglisse dans les
châteauneuf-du-pape et gigondas.
L'emploi de barriques à forte
chauffe peut augmenter l'intensité
de la réglisse en l'orientant vers des
notes goudronnées.

Le côte-rôtie
Sur le coteau abrupt qui fait face
à Vienne, la syrah est plantée sur
des terrasses baignées de soleil.
Le vin qui en est issu est ample,
concentré, soyeux. Les arômes
évoquent la mûre, le cassis et la
violette, puis gagnent une note
de réglisse prononcée, parfois de
tapenade. Lorsqu'une proportion de viognier est incorporée à
l'assemblage, les notes florales
dominent et la bouche prend
plus de souplesse. Les côte-rôtie
vieillissent dans la complexité,
en ajoutant à leur palette des
accents grillés et des nuances de
fruits confits. La réglisse reste
toujours bien présente.

La vanille

La vanille est l'une des plus belles découvertes gastronomiques rapportées des Amériques sur le Vieux Continent. Né d'une subtile alliance entre les fibres du bois et le raisin fermenté, son arôme apparaît souvent dans les vins élevés en fût.

Naissance d'un arôme

La molécule la plus connue parmi toutes celles qui composent le parfum de la vanille est la vanilline. Les meilleures vanilles en sont si riches qu'en certaines circonstances leurs gousses se couvrent de cristaux et deviennent givrées. On retrouve la vanilline dans d'autres matières végétales, comme le benjoin, substance issue d'un arbre des Indes et réputée en parfumerie.

La vanilline se développe à partir de la lignine qui compose la partie fibreuse du bois. Il n'est donc pas surprenant qu'un arôme de vanille se développe lors du passage du vin en fût de chêne neuf. Toutefois, l'analyse révèle que celui-ci provient d'un autre produit que la vanilline :

le vanillate d'éthyle. Cet ester résulte d'une série de réactions de la vanilline dans le vin et libère une odeur sensiblement moins forte. La lignine de la rafle peut aussi se transformer en acide vanillique, puis en vanillate d'éthyle, ce qui expliquerait que certains vins élevés en cuve possèdent cet arôme.

Découverte au naturel

La vanillier est une orchidée, dont trois variétés sont cultivées pour leur parfum : *Vanilla Tahitensis* de Tahiti, *Vanilla Pompona* des Antilles et *Vanilla fragrans* ou *planifolia*, caractéristique de l'appellation Bourbon, c'est-à-dire originaire des Comores, de la Réunion ou de Madagascar. Les vanilles Bourbon sont épicées, un peu animales, alors que les vanilles de Tahiti évoquent davantage le chocolat et les fruits secs.

Si l'on a pu acclimater le vanillier sous d'autres horizons, l'abeille pollinisatrice ne s'est pas montrée aussi docile. Pour donner ses fruits, la vanille doit subir une fécondation artificielle, appelée mariage, effectuée à la main par des spécialistes : une « marieuse » habile peut féconder plus de 1 500 fleurs par jour. La gousse est cueillie avant sa pleine maturité, alors que son parfum ne s'est pas encore développé. Grâce à une série de manipulations et de mortifications, le producteur la conduit à son optimum aromatique. S'il tarde à la récolter, la gousse s'ouvrirait, laissant s'échapper le précieux baume de vanille et tout son arôme.

... Et dans les vins

Certains vins et certains cépages s'accommodent mieux du passage en fût de chêne que d'autres. Le cabernet-sauvignon et le merlot se prêtent remarquablement à ce mode d'élevage qui caractérise les grands vins rouges du Bordelais. Mais la note vanillée apparaît aussi dans les crus de Bourgogne, issus du cépage chardonnay : puligny-montrachet, bâtard-montrachet et montrachet vinifiés en barrique. Pourtant, certains vins blancs peuvent exprimer la vanille sans aucun passage en barrique. Cet arôme vient vraisemblablement du pressurage un peu appuyé des rafles du raisin dans le pressoir. Ce suave parfum s'est manifesté à la dégusta-

Mémoriser

Fendez une gousse de vanille et humez son arôme intense. Des préparations culinaires simples vous permettront de redécouvrir ses charmes. Confectionnez votre propre sucre vanillé en laissant quelques gousses dans un kilo de sucre en poudre ou cristallisé. Élaborez vos crèmes en utilisant du lait entier, car ce sont les matières grasses qui captent l'arôme. La vanille est aussi prisée en parfumerie : certains des plus grands flacons sont caractérisés par son sillage exotique.

tion d'un gaillac né du mauzac et élevé en cuve Inox. Certains madiran élevés en cuve peuvent aussi tromper le dégustateur le plus averti.

Le rioja

Au nord de l'Espagne, le vignoble du rioja se divise en trois zones réparties entre la province administrative de La Rioja, le Pays basque et la Navarre : la Rioja alta, la Rioja baja et la Rioja alavesa. Il doit son nom à un affluent de l'Èbre, le río Oja. Le cépage tempranillo règne sur un terroir argilo-calcaire teinté de rouge. Ses raisins sont achetés par des *bodegas*, grandes caves vinicoles qui les vinifient et les élèvent longuement en barriques de chêne américain. Cet élevage imprime une forte note boisée aux vins, surtout aux *reserva* et *gran reserva* qui dévoilent des arômes d'épices exotiques et de vanille après une maturation de un à deux ans en fût et un vieillissement de deux à trois ans avant mise sur le marché.

La cannelle

Petit tuyau d'écorce d'une variété de laurier, la cannelle livre ses arômes épicés à la gastronomie depuis le Moyen Âge. Lorsque cette fragrance exotique se libère du verre de dégustation, elle s'inscrit tantôt comme la signature du cépage, tantôt comme l'héritage d'un passage sous bois maîtrisé.

Naissance d'un arôme

La molécule principale de l'arôme de cannelle est l'aldéhyde cinnamique. Cependant, l'huile essentielle de cannelle contient une autre molécule, dénommée alcool cinnamique, dont le parfum, beaucoup plus doux que celui de l'aldéhyde, évoque pour certains l'amande amère. Ces deux molécules apparaissent dans les écorces de divers arbres tropicaux de la famille des Myrtacées, comme le giroflier ou le camphrier.

Dans le chai, le fût de bois lègue des arômes épicés au vin, parmi lesquels la cannelle. Tel est le cas des vins du Bordelais ou de Bourgogne qui acquièrent de tels effluves après leur élevage en barrique ou en pièce. La cannelle s'apparente alors à un arôme tertiaire. Mais la lignine de la rafle des cépages renferme elle aussi des molécules capables de produire l'alcool et l'aldéhyde cinnamiques en cours de vinification. La cannelle pourrait en conséquence constituer un arôme variétal, primaire.

Découverte au naturel

Il existe plusieurs espèces de canneliers, dont les plus connues sont le cannelier de Ceylan (*Cinnamomum Zeylanicum Nees*) et le cannelier de Chine (*Cinnamomum obtusifolium*). L'écorce du premier est réputée en cuisine, vendue en poudre ou en bâton pour une meilleure conservation. Pour juger de la qualité de l'épice, fiez-vous à votre nez, puis émiettez un peu d'écorce entre vos doigts et goûtez. La saveur doit être d'abord douce, puis chaude, un peu brûlante, évocatrice de clou de girofle et de poivre.

... Et dans les vins

Comme la vanille, la cannelle résulte souvent d'un élevage en barrique. Cependant, son parfum signe certains cépages, comme le grenache. D'origine espagnole (la garnacha), celui-ci a conquis les vignobles d'Occitanie. En vins doux naturels, il produit les banyuls et maury. Les vins de la vallée du Rhône méridionale lui doivent leur gras et leur chaleur : châteauneuf-du-pape, gigondas et autre coteaux-du-tricastin, par exemple. Ce cépage est souvent associé au mourvèdre, au cinsault et même à la syrah qui amplifie l'arôme épicé des vins. Le caractère épicé est particulièrement puissant dans les vins produits dans le nord du Vaucluse

et dans la Drôme provençale, autour de Vinsobres (côtes-du-rhône-villages), de Grignan ou de Suze-la-Rousse. Un peu plus au sud, dans le Gard, les costières-de-nîmes enrichissent leur palette de fruits noirs, de réglisse, voire de notes goudronnées, de poivre et de cannelle.

En Alsace, où la gastronomie se relève souvent d'une pointe de cannelle, deux cépages apportent une note de cannelle et d'autres épices. D'une part, le gewurztraminer, dont le nom signifie « traminer épicé », propose des vins dont le nez marie rose et cannelle. D'autre part, le pinot gris dévoile des nuances de beurre et de fruits blancs qui s'accommodent bien d'une pointe

Mémoriser

Aux États-Unis, la cannelle aromatise tartes aux pommes, donuts, chewing-gums, Coca-Cola... et constitue la base du parfum le plus populaire des années 1950, *Old Spice*. Dans le Maghreb, elle est généreuse dans le couscous. Parcimonieuse, la cannelle agrémentera une simple salade de carottes râpées assaisonnée de jus d'orange ou relèvera le chocolat.

Elle participe aux mélanges d'épices : ras-el-hanout et curry. Dans les pays du Nord, vin et cannelle s'épousent chaque hiver pour offrir une boisson réconfortante, héritière des hypocras du Moyen Âge.

d'épice. Enfin, un léger parfum de cannelle est perceptible dans les muscats.

Si l'épice se distingue à la dégustation d'un coteaux-du-layon ou d'un quarts-de-chaume, c'est que le chenin a gagné en complexité au contact de la pourriture noble. Vous percevrez également cet arôme dans un verre de jurançon, de sauternes et, plus encore, de tokay ou du rare vin d'Afrique du Sud, le constantia.

Le Klein Constantia

On assiste aujourd'hui à une renaissance du plus ancien vin liquoreux d'Afrique du Sud, dont la célébrité avait atteint son apogée au XVIIIe siècle. Autrefois issu de la muscadelle cultivée sur les coteaux du sud du Cap, le Klein Constantia disparut complètement et son souvenir ne subsista que dans les livres anciens. Remis en culture avec des plants de sauvignon blanc, ce terroir a aujourd'hui repris le chemin de la gloire. Confit, épicé, le Klein Constantia mêle notablement abricot sec, miel et cannelle.

Le poivre
et la noix muscade

Épice indispensable à l'art culinaire, le poivre s'inscrit aussi comme l'un des arômes distinctifs des vins puissants. Sa présence est liée au cépage, au passage sous bois comme à l'influence du millésime et du terroir. La fragrance de la noix muscade, plus discrète, se glisse dans la palette de quelques vins rouges complexes.

Naissance d'un arôme

Un grain de poivre offre deux perceptions : le parfum lui-même, qui provient de l'huile essentielle de l'enveloppe du grain, et la saveur brûlante résultant de l'action de la pipérine, molécule contenue à l'intérieur du grain. En œnologie, le passage sous bois apporte des tanins et des arômes désirables, suaves ou piquants, au vin. Les notes épicées, et notamment celles de poivre, émanent du bois : il suffit d'entrer dans une tonnellerie, où une fine poussière boisée flotte dans l'air, pour les percevoir. Cependant, l'arôme poivré tire aussi son origine du cépage, particulièrement de la syrah, et se nuance suivant le millésime et le terroir. La noix muscade, arôme tertiaire, fait son apparition après une lente maturation du vin.

L'arôme du poivre est le résultat de la perception d'un mélange de terpènes et de sesquiterpènes comparable à celui que l'on obtient en distillant certains bois tropicaux, comme l'élémi ou le gaïac. Associée à des molécules classiques comme le pinène et le limonène rencontrées dans de nombreux végétaux, la molécule caractéristique du poivre se nomme le phéllandrène.

Découverte au naturel

Le poivre a longtemps été une valeur d'échange aussi convoitée que l'or. En 408, Alaric, roi des Wisigoths, entra vainqueur dans Rome et se vit remettre une tonne de poivre. Au Moyen Âge, le commerce des épices était l'affaire des Vénitiens, en liaison étroite avec les Arabes, excellents navigateurs, qui servaient d'intermédiaires avec l'Extrême-Orient. La route des épices se développa ensuite sous l'influence des Portugais, des Espagnols, des Hollandais puis des Anglais.

Le poivre – rose, vert, noir, gris et blanc – apporte aux mets de multiples saveurs. Fruits d'une plante grimpante vivace de la famille des Pipéracées, ses grappes sont récoltées non mûres : c'est le poivre vert. Une fois séchées au soleil, elles donnent le poivre noir. Lorsque les fruits sont récoltés à maturité, les baies, rouges, sont trempées dans de l'eau salée pour ramollir la pellicule dont elles sont ensuite débarrassées : on obtient ainsi le poivre blanc, après séchage. Le poivre mignonnette est un mélange de poivre noir et de poivre blanc grossièrement concassé. Si la mouture est très fine, elle constitue le poivre gris. Le poivre rose est le fruit presque mûr d'un arbre d'Amérique du Sud : le *Schinus molle*.

Venue d'Indonésie, des îles Moluques, la fragrante noix muscade (amande de *Myristica fragrans*) apparut sur les tables occidentales au Moyen Âge, importée par les croisés. Son enveloppe charnue (l'arille), plus parfumée encore, constitue le macis. Digestive, aphrodisiaque, antiseptique à petite dose, la muscade ferait perdre la tête à qui en abuserait.

... Et dans les vins

La syrah, le mourvèdre et le tannat sont les cépages les plus représentatifs de l'arôme de poivre. Lorsque dans le verre des notes de framboise, de cerise, de chocolat et de poivre se manifestent, lorsque la robe est sombre et la bouche puissante mais souple, vous dégustez sans doute un crozes-hermitage, un cornas, un saint-joseph de la vallée du Rhône septentrionale ou, peut-être, un vin venu d'une région plus méridionale, des côtes-du-rhône-

villages, des coteaux-du-tricastin, ou encore d'autres aires produisant des mono-cépages syrah. Poursuivant sa migration vers le sud, la syrah a séduit les viticulteurs provençaux, puis ceux du Languedoc (AOC coteaux-du-languedoc et costières-de-nîmes) et du Roussillon (côtes-du-roussillon), avant de partir à la conquête du Midi-Pyrénées, du Frontonnais et de Gaillac.

En appellation cahors, dans le Sud-Ouest, le cépage côt lègue une touche poivrée, petit grain de fantaisie qui éclaire ces vins de forte charpente. Le tannat, à l'origine du madiran, confère tout à la fois des tanins robustes et de l'ardeur. Ces qualités se retrouvent dans les vins rouges de béarn et tursan,

Mémoriser

L'huile essentielle tirée du poivre est largement utilisée par les parfumeurs. Un flacon de la maison Caron porte même le nom de *Poivre*. Pour mémoriser l'arôme, broyez grossièrement quelques grains de poivre noir. N'oubliez pas que les senteurs des matières végétales moulues, comme les grains de café, s'évaporent rapidement. Vous retrouverez la note de poivre ainsi que celle de muscade dans des mélanges d'épices : ras-el-hanout, colombo, curry ou quatre-épices. La noix muscade, choisie entière puis râpée, parfume pommes de terre, œufs ou béchamel.

dans les VDQS côtes-de-saint-mont, ainsi que dans l'irouléguy, appellation d'origine du Pays basque. Certains vins rouges méridionaux, charpentés et puissants, se teintent d'une pointe de muscade : côtes-du-rhône, côtes-du-roussillon, corbières, vins espagnols du Penedès. Parfois, le soleil illumine de cet arôme rare de grands vins blancs issus d'une vendange bien mûre, comme les coteaux-du-layon.

Le cornas

Le coteau granitique en amphithéâtre qui domine le Rhône est très pentu ; les vignes de syrah s'accrochent en terrasses dans ce site ensoleillé, épargné par les vents. Cornas se distingue des appellations voisines par la grande structure de ses vins « noirs », leur force tannique leur assurant une longue garde de cinq à vingt ans. Les arômes de fruits noirs et de poivre évoluent dans le temps vers des accents de cuir et de truffe.

Le cuir
et le jus de viande

Le cuir signe l'aboutissement d'un long vieillissement des vins en bouteille. S'il est le fait de crus issus de cépages rouges au fort caractère, il n'en est pas moins un arôme raffiné, recherché par les dégustateurs chevronnés comme un signe de qualité.

Naissance d'un arôme

L'arôme de cuir fait partie de la famille animale, aux côtés de la civette ou du musc, de la venaison et de la fourrure. Il s'apparente au parfum que dégagent les peaux tannées. Les molécules volatiles émises par la peau elle-même, souvent désagréables, sont atténuées par le fabricant grâce au procédé de tannage : les tanins végétaux utilisés (chêne, châtaignier, mimosa, bouleau, cèdre, sumac, *etc*.) imprègnent les protéines de la peau, créant des arômes caractéristiques. Dans le vin, les protéines sont celles des levures, c'est-à-dire des lies ; les tanins proviennent à la fois de la vendange et du fût. L'arôme de cuir s'inscrit comme un arôme tertiaire, lié à l'élevage. Celui de jus de viande, également tertiaire, résulte de la réaction des acides aminés issus des protéines avec les sucres présents dans le vin, de manière à réaliser une réaction de Maillard en milieu hydroalcoolique (*cf*. p. 137).

Découverte au naturel

Le cuir résulte de la préparation de la peau de divers animaux : chèvre, mouton, buffle, porc ou pécari, lézard, tortue et crocodile, requin, saumon et anguille, autruche... Il ne doit pas sentir l'odeur de l'animal, signe d'un mauvais produit. En revanche, les senteurs un peu grasses des produits nourrissant le cuir ou l'imperméabilisant peuvent être flatteuses.

... Et dans les vins

Les cépages tanniques sont les plus susceptibles de développer des arômes de cuir au cours de leur maturation : ce sont le côt, le mourvèdre et le tannat. Le côt, appelé parfois auxerrois à Cahors ou malbec dans le Bordelais, caractérise les vins du Sud-Ouest par une coloration puissante et des tanins élégants. Son vin demande à reposer quelques années en fût ; la fermeté fait alors place au velours, et des notes de cuir se développent.

Le mourvèdre lègue de la couleur, de la charpente et des tanins au vin qui acquiert de l'élégance et un bouquet animal après quelques années passées en fût. Cépage des appellations provençales, surtout de bandol, il trouve un second foyer dans la vallée du Rhône méridionale et le Roussillon.

Le tannat produit des vins presque noirs, qui s'arrondissent après cinq ans de garde, et dont la puissance s'accorde bien aux senteurs animales de cuir et de fourrure. Originaire du Béarn, il est le maître dans les aires d'appellation madiran, tursan et le VDQS côtes-de-saint-mont. Au Pays basque, il marque l'irouléguy.

L'arôme de cuir émane également des vins rouges longuement élevés, à forte proportion de merlot, dans

le Médoc, les Graves, le Bourgeais et autres terroirs bordelais. Les vieux vins de Bourgogne issus du pinot noir présentent parfois des nuances de cuir, tels le corton et le nuits-saint-georges.

En Espagne, le ribera del Duero, assemblage de tempranillo, de grenache, de malbec, de cabernet-sauvignon et de merlot élevé en fût, marie le cuir aux fruits rouges mûrs, au cacao, au café et à la vanille. C'est un vin sombre, charpenté pour la garde.

Si le cuir apparaît principalement dans les vins rouges, certains bourgognes blancs dévoilent son effluve après quelques années de maturation.

La note de jus de viande, racée et épicée, se trouve dans les vins

Mémoriser

Comparez les odeurs de cuir de différents articles de maroquinerie. Suivant les pays, les procédés de tannage varient et modifient les effluves. Avec un peu de pratique, vous identifierez au nez les produits des grands bagagistes ou des grands selliers qui garnissent les voitures anglaises ! Les parfumeurs ont tenté de capturer cette fragrance, comme dans *Cuir de Russie* de Chanel, *Tabac Blond* et *Bel Ami* chez Hermès. Des arômes de jus de viande se libèrent dans certaines bières sombres des contrées septentrionales.

marqués par un terroir argileux : les grands pomerol en sont ainsi coutumiers. Elle se glisse aussi dans la palette des vins doux naturels ; le couple grenache-schistes capte cette nuance avec force, en l'associant aux accents de torréfaction dans le maury, le rivesaltes ou le vin de liqueur porto.

Le bandol rouge

Un grand cirque de collines descendant vers la Méditerranée, aux sols de grès et de marnes sableuses. Un cépage dominant, le mourvèdre, qui trouve ici des conditions de maturation idéales. Bandol est une appellation au fort caractère. Discrets, voire fermés dans leur jeunesse, les vins rouges prennent avec l'âge de délicieux arômes d'épices et de poivre, de fruits noirs, alliés au cuir et à la truffe. Leur palette noble s'inscrit sur une imposante structure tannique qui a besoin de temps pour s'affiner.

Le pipi de chat

Un léger arôme de pipi de chat se dégage de votre verre... Votre nez vous tromperait-il ?
Peut-être pas, car dans certaines bouteilles, le sauvignon marque ainsi son empreinte,
proche de la note végétale de buis ou de bourgeon de cassis. Le cépage « matouse »,
selon l'expression des dégustateurs.

Naissance d'un arôme

Une seule molécule est à l'origine de l'arôme du cassis, de bourgeon de cassis ou de pipi de chat, selon sa concentration : le 4-méthoxy-2-méthyl-2-mercapto butane, dont le seuil de perception est très bas, de l'ordre de 1 nanogramme par litre. Lors de la dégustation des vins de sauvignon, les experts repèrent souvent deux arômes caractéristiques : le pipi de chat et le buis. Quoique très semblables, ces deux sensations olfactives se distinguent l'une de l'autre. C'est le 4-mercapto-4-méthyl pentane-2-one qui est responsable de la nuance typique du buis fleuri. Le pipi de chat et le buis sont des arômes primaires, biosynthétisés dès le pressurage de la vendange.

Découverte au naturel

La note olfactive, dite « pipi de chat », n'est pas une odeur d'urine *stricto sensu*. Dans le monde animal, elle constitue un outil de communication pour indiquer aux individus d'une même espèce qu'un territoire est déjà occupé. Quelques plantes libèrent un arôme semblable. Ainsi, si vous froissez entre vos doigts un bourgeon de cassissier, froncerez-vous les narines en humant l'odeur qui s'en libère.

La racine de valériane dégage une telle senteur qui excite les chats, tandis que le buchu, plante rutacée d'Afrique du Sud, produit une essence à l'arôme typique, fort prisée des parfumeurs.

... Et dans les vins

Le caractère de pipi de chat se manifeste parfois à la dégustation de vins blancs bourrus, qui n'ont pas complété leur cycle de vinification : encore riches en sucres et en gaz carbonique, ils offrent des arômes rappelant les levures. Lorsque le dégustateur perçoit de façon manifeste l'odeur de pipi de chat, il décèle un défaut dû à une vendange insuffisamment mûre. En effet, seule une nuance discrète de pipi de chat est appréciable ; elle ne nuit pas à l'élégance du vin et peut être perçue comme un complément aux notes fruitées et végétales.

Les senteurs légères de pipi de chat et de buis caractérisent le sauvignon. Ce cépage aromatique est le seul raisin blanc autorisé pour l'élaboration des sancerre, pouilly-fumé, quincy, menetou-salon et reuilly, et s'impose en outre en Touraine. En Bourgogne, le vignoble d'Auxerre produit un vin vif et aromatique à partir du sauvignon, qui se distingue du traditionnel chardonnay : le saint-bris.

Le sauvignon s'est répandu jusque dans le Sud-Ouest et le Bordelais,

Mémoriser

Vous retrouverez l'arôme de pipi de chat dans certains malt whiskies irlandais, dont la torréfaction ne privilégie pas le contact de l'orge avec la fumée. À l'inverse, dans les whiskies écossais, cette note est le plus souvent couverte par des arômes de fumée.

où il est assemblé au sémillon et à la muscadelle. Il s'exprime bien dans les vins blancs secs d'AOC entre-deux-mers, côtes-de-duras, côtes-du-marmandais. Une partie du vignoble d'AOC bergerac comprend des ceps de cette variété, de même que les premières-côtes-de-bordeaux.

L'entre-deux-mers

Entre Garonne et Dordogne, l'aire d'appellation entre-deux-mers cultive sémillon, sauvignon et muscadelle sur des terroirs variés. Le sauvignon se caractérise par des arômes végétaux et une note caractéristique entre buis et pipi de chat selon les conditions de maturation. La palette des entre-deux-mers décline agrumes et fruits blancs, avec souvent de jolies notes florales lorsqu'ils sont issus de terroirs à forte proportion de limons. La note de pipi de chat doit s'inscrire avec une discrétion extrême dans cet univers. Trop prononcée, elle serait le signe d'une vendange non mûre, diluée par le mauvais temps.

Le gibier

Le gibier est l'arôme animal par excellence. Ses notes s'imposent au nez, donnant
à la dégustation un fort caractère automnal. Dans le verre, un vin rouge âgé exprime un
bouquet complexe, composé au cours d'un long et soigneux vieillissement en bouteille.

Naissance d'un arôme

L'arôme de gibier noble est un
arôme tertiaire qui apparaît à l'automne de la vie du vin, au moment
où sa robe commence à brunir sous
l'effet d'un phénomène de réduction (manque d'oxygène). S'il se
manifeste dans un vin rouge jeune,
il relève d'une réduction précoce
qu'il convient d'atténuer par aération en carafe. Son origine précise
reste à définir, mais les spécialistes
estiment que les molécules responsables de cette note appartiennent
à la famille des composés phénolés :
vinylphénol, paracrésol, paracrésol
isovalérate, indole. Les dégustateurs
ont constaté que les vins présentant
un arôme de jasmin dans leur jeunesse tendaient à évoluer vers des
effluves animaux. Faut-il établir un
parallèle avec les absolues de jasmin
qui contiennent des molécules à
odeur animales ? Celles-ci résultent
sans doute de l'oxydation de l'acétate de benzyle, composant principal du parfum de la fleur fraîchement éclose. Comme celui de la
civette, l'arôme de gibier ne doit
jamais être dominant, sous peine de
trahir une altération du vin par les
levures brettanomyces.

Découverte au naturel

Le terme « gibier » (à l'étymologie francique, « chasse ») renvoie à différentes odeurs : celle de l'animal vivant à poil ou à plume, de son pelage, de ses laissées, des produits qui lui servent à marquer son territoire, de la proie morte que l'on éviscère, ou encore de la viande marinée dans du vin avec quelques aromates. Le dégustateur se réfère davantage à ce dernier fumet.

... Et dans les vins

Les vins âgés issus de trois cépages rouges, merlot, mourvèdre et syrah, dévoilent plus régulièrement que d'autres des nuances de gibier. Typique du Bordelais, le merlot se répand dans les terres occitanes, du Sud-Ouest et du Languedoc. Il se plaît dans les terroirs argilo-calcaires où il produit des vins puissants dans leur prime jeunesse, mais bientôt souples. Assemblé au cabernet-sauvignon, il souligne le fruité de ce cépage d'une ligne animale. De cet accord naissent les prestigieux saint-émilion grands crus et pomerol.
Le mourvèdre, cépage noir d'origine espagnole, est depuis des siècles implanté dans le sud de la France. Son vin corsé, coloré et riche en tanins, développe, après quelques années de garde, des arômes de gibier qui participent à un bouquet complexe et persistant. Ces qualités sont perceptibles dans les côtes-de-provence, coteaux-d'aix-en-provence et bandol. Le mourvèdre apporte en outre sa contribution au nez du château-

neuf-du-pape et à d'autres vins de la vallée du Rhône méridionale. Adopté par les vignerons du Languedoc-Roussillon, il s'exprime différemment selon les terroirs. Les notes animales sont ainsi perceptibles dans les vins des Corbières centrales.
La syrah, cépage noir originaire de la vallée du Rhône, a gagné le Vaucluse, la Provence du sud et le Languedoc-Roussillon. Selon les terroirs, ses vins mettent l'accent sur la violette, la cannelle ou le gibier. Le fumet du gibier se développe plus particulièrement dans les vins issus de la partie nord de son aire de culture, tels le cornas et le saint-joseph. Mais, produits plus au sud, les coteaux-du-tricastin dévoilent aussi un nez de gibier. Le dégustateur décèle la note de venaison dans les vins corses, principalement les patrimonio du nord de l'île, enfants du nielluccio qui représente

Mémoriser

Un civet de lièvre aux pruneaux vous livre tous les arômes de gibier en un mémorable moment de gourmandise. Faute de gibier, une marinade composée d'un vin vieux et de baies de genièvre donne le goût puissant de la venaison à une viande manquant un peu de caractère. Dans les vins, l'odeur du gibier s'harmonise avec le sous-bois, l'humus, la truffe et le cacao. Exercez-vous à distinguer ces notes aromatiques.

75 % de l'encépagement de cette région. Des effluves de gibier se débusquent dans de grands bourgognes provenant d'un pinot noir qui a su tirer parti d'un sol profond et riche en argile. Hors de l'Hexagone, vous les retrouverez dans les vins rouges du Piémont barolo et barbaresco, issus du nebbiolo, de Toscane comme le brunello di Montalcino né du sangiovese, ou d'Espagne (rioja gran reserva ou ribera del Duero). Les vins de syrah australiens n'en sont pas avares.

Le brunello di Montalcino
Au sud de la ville de Sienne, brunello di Montalcino est l'une des grandes appellations de l'Italie. Les pentes accusées, aux sols de *galestro* (marnes argileuses) sont plantées de brunello, nom local du sangiovese du Chianti. Très structurés, les vins étaient autrefois élevés longtemps sous bois et pouvaient y sécher. Le temps d'élevage ayant été ramené à trente-six mois, les vins prennent en bouteille beaucoup de race aromatique, avec une note de gibier noble.

La civette

Violemment animal ou
subtilement séducteur ?
Pourvu qu'il soit discret,
l'arôme de civette
joue résolument le jeu
de la séduction dans
les grands vins rouges
mûrs de la Bourgogne,
auxquels il apporte
complexité et profondeur.

Naissance d'un arôme

Assez proche du gibier, l'arôme de
civette, tertiaire, apparaît après un
long processus de transformation
de la matière protéique. Il comprend une composante « fécale »
prenante, dont les molécules responsables sont l'indole, la civetone
et le scatol. Ces molécules sont

également présentes dans le monde végétal : le jasmin et d'autres fleurs blanches en contiennent. Il n'est donc pas surprenant de les retrouver dans le vin. Des relents de civette trop intenses constituent en revanche un défaut majeur, traduisant une déviation vers des éthyls-phénols générés par les levures brettanomyces. Ces levures, que l'anhydride sulfureux (soufre) peut éliminer, se multiplient généralement dans des fûts mal nettoyés.

Découverte au naturel

La civette (*Viverra civetta*) est un petit animal de la famille des Mustélidés, comme la martre, la belette, le skunks et le putois, qui trouve son habitat naturel en Afrique, plus précisément en Éthiopie et Abyssinie. Elle fournit une matière première de grande importance pour la parfumerie, partageant cette particularité avec le chevrotin porte-musc, le castor et le cachalot. Cette matière se concentre dans une glande située sous la queue de la civette, mâle ou femelle, que l'on vide à l'aide d'une petite cuillère en bois ou en corne. L'extrait provenant des mâles est le plus prisé. C'est une matière butyreuse, d'abord jaunâtre puis noirâtre et qui se solidifie avec le temps. L'odeur en est incroyablement entêtante.

... Et dans les vins

La civette est plus sucrée, plus féminine que le civet, arôme de type gibier qui offre en outre des notes de décomposition. Les dégustateurs rencontrent parfois cette senteur dans des vins blancs dont l'élevage a été bien mené, mais les vins rouges embaument plus généralement de la sorte. L'évolution aromatique suivante a été analysée dans quelques grands vins rouges : jasmin et notes de fruits rouges dans un premier temps, cuir, puis civette, enfin humus.

Le rôle du terroir dans l'apparition de ce type d'arôme n'a pas été totalement démontré, mais il semble qu'en Bourgogne, les vins issus de sols marneux profonds dévoilent sur le long terme des notes animales et sauvages. Une

Mémoriser

Certains parfums haut de gamme contiennent de l'extrait de civette... à une dose infime, bien sûr. Cet extrait est en effet un excellent fixateur. C'est-à-dire qu'il est la fondation même du parfum authentique. Seuls les vrais parfums offrent cette dimension unique : le sillage, tracé dans la mémoire de nos intimes. Pour découvrir ces fragrances et d'autres parfums insolites, rendez-vous à l'Osmothèque de Versailles. Dirigée par le nez de la maison Jean Patou, Jean Kerléo, cette institution rassemble des parfums de toutes les époques et révèle les arcanes de la parfumerie.

bouteille âgée de corton ou de romanée en offre une illustration. Des nuances de civette tendant davantage vers le musc sont perceptibles dans quelques grands vins rouges du Bordelais : saint-émilion grand cru et saint-estèphe, notamment. L'arôme de civette peut déconcerter des dégustateurs débutants. Il est ainsi judicieux d'aérer les vins vieux avant le service, pour en atténuer l'exubérance.

Le volnay

En Côte de Beaune, entre pommard et meursault, l'aire d'appellation volnay couvre des sols de calcaire blanc en haut du coteau, plus graveleux en bas. Les premiers crus Santenots, Champans, Clos des Ducs ou Bousse d'Or, situés dans la partie haute, côté pommard, produisent des vins rouges d'une grande finesse, dont la palette aromatique séduit dès leur prime jeunesse : mûre, violette, petite cerise se disputent la vedette. Avec l'âge, la note rare de civette peut apparaître, toujours fondue dans la complexité des arômes.

Le chocolat

Boisson du dieu précolombien Quetzalcóalt... Passion des gourmands depuis le XVIe siècle. Le chocolat représente, avec le café, le plus symbolique des arômes empyreumatiques. Sa flaveur fait le charme des vins qui ont acquis dans leur grand âge la complexité.

Naissance d'un arôme

Le chocolat est un arôme de la famille empyreumatique, à l'instar du café, du caramel et de la fumée. Son apparition est favorisée par la chauffe, moyenne ou forte, des douelles lors de la fabrication du fût. Les molécules intervenant dans cette note sont des dérivés d'aldéhydes qui présentent souvent une fonction carbonyle. C'est le cas, par exemple, de l'acétylpyrrole.

Découverte au naturel

Si Christophe Colomb et son équipage découvrirent le cacao et son produit dérivé, le chocolat, c'est à Hernán Cortés que l'on doit l'introduction de ce goût nouveau en Europe, à la cour de Charles Quint, en 1528. Les Aztèques se servaient des fèves en guise de monnaie, mais ils en tiraient aussi une boisson sacrée : le xocoalt. Le chocolat était alors mêlé à de l'eau, à de la vanille, à du maïs et même à du piment, d'où l'origine probable du mot aztèque : *xocac*, aigre et *atl*, eau. Le nom latin du cacao, *Theobroma cacao L.*, vient des mots grecs, *theo*, qui signifie « dieu », et *bromo*, « nourriture ». Il existe trois crus de cacao : les *criollos*, les *trinitarios* et les *forasteros*, en les classant par ordre de qualité. Il faut laisser fermenter les fruits, nommés cabosses, avant de laver les fèves elles-mêmes. La conduite de la fermentation influence, en effet, la qualité du produit final. Les fèves sont brassées régulièrement pour sécher. Après broyage, triage et torréfaction, elles produisent la matière de base des gourmandises. Le chocolat se décline sous trois formes principales – noir, au lait ou blanc – et présente des caractères distincts suivant les pays : crémeux en Belgique, à la saveur de café en Suisse ou en Allemagne, épicé en Espagne ou au Mexique, renforcé de vanille en France.

... Et dans les vins

S'il est un cépage propice aux arômes de chocolat, c'est bien le grenache. Dans la vallée du Rhône méridionale, le châteauneuf-du-pape, rouge orangé après une garde de plus de dix ans, propose un nez d'épices, de garrigue et de torréfaction, où le chocolat trouve sa place. Dans le cadre somptueux des Dentelles de Montmirail est produit un autre grand vin : le gigondas. Concentré, vêtu d'une robe sombre à reflets tuilés, il possède une charpente imposante et une matière riche, empreinte de notes de fruits confits, de réglisse, de café et de cacao. Dans la gamme des vins doux issus de grenache noir, les vieux maury et les banyuls offrent une note de

chocolat intense qui s'accompagne au cours de la garde (jusqu'à trente ans) de fruits secs, de cire, de cuir et même d'une pointe d'eau-de-vie. Les portos tawnies suivent une évolution comparable.

En blanc, les côtes-du-jura peuvent présenter des arômes de cacao qui s'associent aux notes de noix typiques du cépage savagnin. Cet accord se réalise aussi dans les vins jaunes de la région, élevés sous voile : château-chalon, l'étoile et arbois. Certains champagnes blancs de noirs (issus du pinot noir et pinot meunier) proposent des nuances de beurre de cacao. Ces mêmes accents sont perceptibles dans des vins rouges bourguignons aptes à la garde, tels l'échézeaux et surtout le clos-de-vougeot.

Les vins de gamay « chocolatent » à leur manière, en s'accommodant de l'arôme de cerise bien mûre typique du cépage dans les crus du Beaujolais fleurie et brouilly. Dans la Loire, les vieux bourgueil, nés de cabernet

Mémoriser

Identifiez dans le chocolat noir la sensation première d'amertume, signature de la fève de cacao. Elle se fond dans une senteur évocatrice d'amande et de noisette grillées, puis dans une grande douceur. Procédez ensuite à une dégustation des différents crus de cacao. Un très vieux maury s'accordera aux meilleurs *criollos*.

franc, affichent une note de cacao. Le chocolat est également fréquent dans les vins du Bordelais (graves, côtes-de-bourg, saint-émilion, pomerol) et ne délaisse pas les vins méridionaux (bandol). De l'autre côté des Pyrénées, les vins de Ribera del Duero, en Castille-León, ou du Penedès en Catalogne s'inscrivent dans la lignée des crus structurés, dont la palette évolue vers la torréfaction.

Le maury

Dans la vallée de l'Agly, en Roussillon, les sols schisteux noirs qui s'étendent au pied du château cathare de Queribus conviennent au grenache. Les maury sont mutés après départ en fermentation et élevés, comme les banyuls, en rimage (millésimés) ou en vins doux traditionnels. Ces derniers dévoilent des notes chocolatées, associées à des épices douces et à des fruits rouges à l'eau-de-vie. Ils prennent avec l'âge des accents de noix et de rancio. Le maury est l'un des rares vins capables de résister au chocolat.

Le café

Le café signe les grands vins rouges parvenus à leur apogée. Cette note complexe, qui résulte de la combinaison de centaines de molécules aromatiques, réjouit les sens du dégustateur, en prenant toutes les nuances des grands crus de café, jusqu'au moka.

Naissance d'un arôme

En humant un paquet de café fraîchement moulu, votre nez capte un arôme complexe, composé de plus de huit cents molécules volatiles différentes (nombre identifié à ce jour). Certaines ont été élaborées lors du processus de torréfaction, d'autres proviennent de la matière végétale elle-même.

Plusieurs molécules de la famille des pyrazines, en se combinant, donnent naissance aux arômes de café grillé. Elles sont perceptibles à des concentrations extrêmement faibles. Selon que l'une ou l'autre domine, l'arôme change de caractère. C'est ainsi que le robusta d'Angola évoque le chocolat, l'arabica du Yémen est quelque peu épicé, les maragogypes du Brésil sont plutôt suaves, les cafés de Colombie ou du Pérou un peu acides, ceux du Nicaragua et du Guatemala cacaotés. Les cafés provenant d'Indonésie possèdent fréquemment une flaveur réglissée, tandis que de merveilleux cafés du sud de l'Inde ont un fumet animal et doux.

Tertiaire, l'arôme de café se développe lentement dans le bouquet des vins rouges, comme si l'alcool « cuisait » certains composants.

Découverte au naturel

Le nom du caféier, *Coffea arabica L.*, viendrait de Kaffa, ancienne dénomination d'une région montagneuse du sud-ouest de l'Éthiopie, où cet arbuste poussait à l'état sauvage deux mille ans avant J.-C. Importé de Perse à Aden, vers 1420, le café serait arrivé à Constantinople vers 1550 ; son usage se répandit rapidement dans le monde musulman, jusqu'à l'empire ottoman. Au XVIIe siècle, il conquit les tables européennes. Les caféiers d'Arabie en assurèrent la production jusqu'au XVIIIe siècle, mais la demande augmentant, d'autres terroirs furent mis en production, tous situés dans la ceinture tropicale où la température annuelle oscille entre 18 et 26 °C et où les pluies sont abondantes. Le terroir influe sur la qualité des cafés. Les productions les plus recherchées viennent des montagnes bleues de la Jamaïque, d'Hawaï ou bien sûr d'Éthiopie, avec le fameux moka harrar, quintessence des cafés.

... Et dans les vins

Les senteurs de café sont garantes de qualité et de finesse pour le vin, à l'instar des arômes de cacao ou de chocolat. Elles caractérisent généralement les grands vins rouges parvenus à leur apogée.

Ce type de parfum fait le charme des vieux et grands millésimes de Bourgogne, particulièrement de la Côte de Nuits, et c'est là l'un des paraphes du cépage pinot noir. Mais le dégustateur retrouve aussi ces chauds effluves dans les grands crus bordelais, dans les plus beaux flacons du Portugal, en particulier le madère, et dans le malaga en Espagne. Certains cépages du sud de la France peuvent donner des vins dont le bouquet, avec l'âge, évoque le café : la syrah et le grenache, de la vallée du Rhône au Roussillon, vieillissent en produisant d'élégantes notes de moka. Issus de grenache, les vins doux naturels rouges exhalent ces arômes de

Mémoriser

Rendez-vous chez un torréfacteur de café pour découvrir l'arôme de cafés de différentes origines. Profitez-en pour vous faire expliquer le processus de grillage, l'influence des terroirs sur les parfums et celle de l'eau sur la qualité du café. Lancez-vous aussi dans la comparaison de friandises et de pâtisseries à base de café : depuis les caramels durs flamands, les Hopjkes, jusqu'aux religieuses au café.

façon particulièrement puissante. À découvrir, le tamiioasa romaneasca, l'un des cépages du vignoble de Cotnari, situé en Moldavie septentrionale. Il participe à l'élaboration du vin le plus célèbre et le plus rare de Roumanie, de couleur blanc-vert, ressemblant à un tokay hongrois, délicat et harmonieux. Le tamiioasa est aussi appelé *frankincense* (encens) en raison de ses extraordinaires notes olfactives évoquant l'église embaumée et le café grillé. Il est souvent botrytisé.

Le madère

L'île volcanique de Madère réserve ses pentes plongeant dans l'Atlantique aux verdelho, sercial, bual et malvasia. Ces cépages produisent des vins de liqueur dont l'originalité tient à l'élevage : les vins sont chauffés dans des *estufagem* (étuves), où ils acquièrent des notes de torréfaction, de caramel et de fruits secs. Ils sont capables de vivre des siècles, en préservant un arôme de café bien marqué, associé à une pointe de rancio caractéristique de la « madérisation ».

Le pain grillé

Pain et vin se retrouvent à la même table, tous deux fruits du travail des levures. Quoi de plus naturel, alors, que de déceler des arômes communs dans ces aliments indissociables de notre culture ? Empyreumatique, la note de pain grillé souligne élégamment les vins blancs et rouges dans leur plus bel âge.

Naissance d'un arôme

L'arôme de pain grillé présente bien les caractéristiques de la famille empyreumatique : faiblement marqué au début de la vie du vin, il peut disparaître rapidement ou continuer de hanter le vin durant des décennies. Les molécules sont perceptibles à des dilutions de l'ordre du ppb, c'est-à-dire de la partie par milliard, ce qui correspond à 1 gramme pour 1 000 tonnes, soit environ une goutte dans une piscine olympique...

On comprend que s'il advient le moindre phénomène tendant à diminuer cette concentration, aucun arôme n'est sensible. En revanche, si la disparition de ces molécules est infime en comparaison de la baisse de concentration des autres molécules (dont l'alcool qui s'évapore facilement), l'arôme persistera jusqu'à la maturité du vin.

L'origine de l'arôme de pain grillé est multiple. Elle peut être le fait de baies de raisin grillées par le soleil ou bien de l'utilisation de tonneaux dont les douelles ont été soumises à une chauffe moyenne à forte. Parmi les molécules présentes dans le raisin se trouveraient l'acide 3-méthylthiopropionique et les acétates de 2-mercaptoéthanol et de 3-mercaptoéthanol. Ce sont des dérivés soufrés. Dans le cas de molécules apportées par le bois de chêne, il s'agirait de molécules de la famille du maltol et du cyclotène. Il importe de considérer également les pyrazines, souvent responsables des arômes empyreumatiques.

Découverte au naturel

Le pain grillé illustre la réaction de Maillard (du nom du découvreur de cette transformation chimique, au début du XXᵉ siècle). Les sucres provenant de la dégradation de l'amidon réagissent avec les acides aminés du gluten et des levures lorsque la température s'élève fortement ; il en résulte des substances colorées et aromatiques – les mélanoïdes – présentes dans la croûte de pain.

... Et dans les vins

De grands vins de Bourgogne, tel le meursault, déclinent des arômes de pain grillé allié à la truffe après une dizaine d'années de garde. En Californie, les chardonnays surmûris, élevés en bois neuf et bâtonnés, présentent une palette de pain grillé, de beurre et de vanille que le dégustateur non averti considère à tort comme la signature du cépage. Car cette note toastée apparaît dans de nombreux vins élevés en barrique plus ou moins chauffée. Des vins blancs du Bordelais aussi prestigieux que le pessac-léognan, né de l'alliance du sémillon, du sau-

Mémoriser

De petits morceaux de pain sont souvent proposés aux dégustateurs afin de « laver » les papilles gustatives du vin goûté. Il importe de bien choisir le pain, car une croûte trop cuite, riche en arômes de Maillard, risque de perturber les perceptions de l'expert.

vignon et de la muscadelle, la fondent aux touches citronnées, aux arômes de fruits exotiques et de noisette. Il en va de même des vins rouges. Cependant, certains madiran présentent cet arôme alors qu'ils n'ont pas été élevés en barrique.

Le chardonnay de la Central Coast californienne

Vers San Luis Obispo, dans la zone centrale de la Californie, le climat est influencé par les brises marines rafraîchissantes. Le chardonnay tire profit des quelques bancs calcaires qui émergent des sables limoneux : il développe une finesse inhabituelle, bien loin des notes de fruits surmûris des autres vins blancs californiens. La note de pain grillé caractéristique s'allie au fruit blanc. La bouche montre un équilibre réussi entre gras et vivacité. Quelques chardonnays de la Central Coast sont vinifiés en vins effervescents.

Le caramel

Sucre doucement chauffé dans une casserole, délicieuses friandises dans les bocaux des boulangeries, le caramel est l'un de ces arômes privilégiés qui évoquent l'enfance. Le plaisir que l'on éprouvait en suçant un caramel mou pourrait-il se retrouver dans un verre de banyuls grand cru ?

Naissance d'un arôme

Si certains effluves de caramel trahissent une mauvaise santé ou la sénilité du vin, d'autres nuances caramélisées signent des bouteilles d'âge vénérable, aux charmes intacts. Car l'arôme de caramel, tertiaire, ne provient pas toujours d'une décomposition incontrôlée. La vanilline et le vanillate d'éthyle se développent dans le vin à partir de la lignine du bois, dont est constitué le tonneau. Celui-ci ayant été chauffé lors de sa mise en forme, les sucres contenus dans les canaux responsables du transfert de la sève élaborée pendant la vie de l'arbre se transforment et enrichissent le caractère aromatique du vin de notes empyreumatiques, parmi lesquelles le caramel. Parce que la qualité aromatique d'un vin élevé en fût est liée à la chauffe des douelles, le maître de chai indique au tonnelier le degré souhaité : fort, moyen ou faible. L'origine du bois a aussi son importance : le caramel marque généralement davantage le chêne américain que le chêne européen.

Découverte au naturel

Le caramel n'est rien d'autre que du sucre chauffé, résultat d'une réaction de Maillard. Longtemps considéré comme un adjuvant d'apothicaire, il renforçait la couleur de certaines préparations tout en atténuant l'amertume des potions.

Les bonbons de caramel, diversement aromatisés au chocolat, à la vanille, au café ou aux fruits, apparurent très tôt dans toute l'Europe, mais c'est au XXe siècle que les confiseurs rivalisèrent d'imagination. À base de sirop de sucre et de glucose, de lait et de matières grasses, ils peuvent être durs ou mous selon le degré de cuisson.

Le plus populaire – le longiligne Carambar enveloppé de son papier jaune et rouge – doit son goût à l'ingéniosité d'un contremaître qui utilisa les surplus de poudre de cacao de la maison Delespaul-Havez pour améliorer un simple caramel. Chaque région a ensuite créé sa friandise caramélisée : Négus de Nevers, aromatisé au chocolat, caramel au beurre salé de Bretagne, chuques du Nord au café-chicorée, babelutte belge ou toffee anglais enrichi de crème...

... Et dans les vins

Les vins doux naturels du Roussillon, banyuls ou banyuls grand cru, sont issus d'un assemblage de macabeu et de grenache. La macération dure au moins cinq jours, puis le banyuls grand cru est élevé en fût de chêne pour une période de trente mois minimum. Dans ces vins nobles, qui subissent parfois les assauts de la chaleur et des froidures dans des bonbonnes exposées en plein air, le bouquet complexe mêle café, pruneau, cacao et caramel. Au Portugal, le moscatel de Setúbal rivalisait au XVIIe siècle avec les meilleurs vins liquoreux européens. Les coteaux calcaires qui dominent ce port de l'Estrémadure, au sud de Lisbonne, sont toujours plantés de muscat. Toutefois, la concurrence avec les vins secs des cépages periquita ou cabernet qui lui disputent le territoire des Terras do Sado le fait reculer. Le moscatel de Setúbal est riche, onctueux, doté d'un fruité mûr, de notes de caramel et d'épices douces. Le dégustateur retrouve la trace du caramel dans des vins pleins de soleil et aussi divers que le bandol rouge – grenache, mourvèdre et cinsault dominant –, le tavel (rosé obtenu par macération à froid, pendant un à trois jours, de raisins de dix cépages autorisés, grenache et clairette pour l'essentiel) ou le côtes-de-provence blanc lorsqu'il est issu du sémillon et du rolle. Mais c'est en Espagne, en Castille-León, qu'est produit le vin rouge le plus

représentatif de l'arôme de caramel, le ribera del Duero, surtout lorsque celui-ci a été élevé pendant dix ans sous bois américain.

Le cognac
Le caramel est un additif légal dans le cognac. Cette eau-de-vie fraîchement distillée est assez rêche. Elle n'acquerra ses qualités qu'après avoir mûri en petits fûts de chêne où, par un processus chimique subtil, elle absorbera lentement les tanins et la vanilline du bois. Certaines maisons utilisent une petite quantité de caramel pour harmoniser la couleur de leur cognac d'un fût à l'autre. Le caramel n'a aucun effet sur le goût. Cependant, parce que l'on induit les consommateurs à associer la teinte marron du cognac à la douceur, les producteurs utilisent la couleur comme un signe révélateur du goût : les Chinois, grands consommateurs de cognac, l'aiment sombre, et donc riche et doux, pour accompagner leur repas.

La fumée
et le goudron

Seule une longue expérience de la dégustation permet d'apprécier à leur juste valeur les arômes de fumée et de goudron. Ces touches, caractéristiques des grands vins rouges, s'apparentent aux nuances sombres appréciées du Greco pour mettre en relief le thème de ses œuvres.

Naissance d'un arôme

Les molécules responsables des arômes de fumée appartiennent généralement à la famille des phénols. L'une d'entre elles, l'éthylgaiacol, livre un arôme caractéristique au nez mais pratiquement imperceptible en bouche. Or, telle est bien l'analyse du dégustateur d'un vin de sauvignon, cépage à l'odeur de fumée. La fumée s'inscrit donc comme un arôme variétal, primaire. L'arôme de goudron s'apparente à celui de la créosote, c'est-à-dire du goudron de bois. Il évoque davantage le bois brûlé ou la suie de la cheminée que le camion fumant qui nappe les routes d'un enduit protecteur. Les molécules qui confèrent au vin cette note aromatique appartiennent à la famille des crésols, formes évoluées des phénols. Tertiaire, cet arôme persiste dans le bouquet jusqu'à l'apogée du vin, puis disparaît.

Découverte au naturel

Le recours à la fumée est depuis longtemps un moyen de conserver les aliments. Les charcuteries, comme le jambon et le bacon, paraissent

bien plus appétissantes une fois fumées. Il en est de même pour un grand nombre de poissons : saumon, truite et hareng. Le bois de hêtre est le plus souvent choisi pour le fumage. Jadis les Romains amélioraient leurs vins en les exposant à la fumée dans un cellier spécial : le *fumarium*. Cette curieuse pratique leur permettait d'accélérer le vieillissement. Aujourd'hui, on retrouve une méthode similaire à Madère, où les vins bon marché sont chauffés pendant trois mois dans de grandes cuves appelées *estufas*.

Dès que l'on distille ou chauffe à forte température les combustibles naturels, on produit, à côté de différents gaz, un liquide insoluble dans l'eau, dense et visqueux, d'une puissante odeur : le goudron. Les industries utilisent différentes sortes de goudron : de bouleau, de pin de Norvège, de Cadier ou Oxycèdre. Ce dernier, connu sous le nom d'huile de cade, est utilisé en pharmacie et en cosmétique pour traiter certains problèmes capillaires ou certaines maladies de la peau.

... Et dans les vins

L'arôme de fumée se rencontre dans quelques vins blancs et dans des vins rouges capiteux, mais il caractérise essentiellement le cépage sauvignon. Ainsi, le pouilly-fumé de la Loire exprime bien cette nuance. Les flaveurs de suie, de goudron ou créosote sont une constante du pinot noir bien mûr et habilement vinifié. En Italie, l'un des meilleurs cépages, le nebbiolo, trouve au sud d'Alba,

dans le Piémont, son terroir de prédilection : robuste, apte à une garde de cinq à quinze ans, le barolo développe une nuance de goudron bien perceptible en rétro-olfaction. Quelques *vini da tavola* lombards, issus du cépage terubego, déclinent de somptueux arômes de fruits rouges confiturés, d'amande et de cacao, de fumée et de goudron. En Espagne, de vénérables rioja accompagneront de leurs arômes de feu et de cendre les charcuteries locales de *patas negras* (cochons noirs ibériques). Enfin, de son île océanique, le madère développe aussi des arômes en accord avec sa robe de bure.

Dans le Languedoc, le costières-de-nîmes dévoile dans sa jeunesse, outre des flaveurs de fruits rouges et de garrigue, des notes de goudron et de réglisse intimement liées. Ces arômes, caractéristiques du terroir, se perçoivent

Mémoriser

Un pique-nique sera l'occasion de mémoriser arômes et saveurs fumés. Au menu : saumon fumé, omelette au jambon fumé accompagné d'un pouilly-fumé, puis un fromage fumé et un bon thé fumé. Ajoutez quelques gendarmes, saucisses sèches alsaciennes dont l'odeur peut évoquer le goudron. À l'apéritif, goûtez au Clacquesin, créé en 1880 par distillation des bourgeons du pin de Norvège.

essentiellement en bouche et même en arrière-bouche.

Dans le Bordelais, les vins du Médoc offrent dans leur bouquet des notes sombres. Celles-ci s'associent à la réglisse et au gibier dans les pauillac. Vous les retrouverez également dans les saint-émilion grands crus et, surtout, dans les graves et les pessac-léognan.

Le graves rouge

Entre Bordeaux et Langon, l'aire d'appellation graves porte le nom de son sol : des croupes de graviers charriés par la Garonne au quaternaire, remodelées par l'érosion. Les vins y sont rouges et blancs, parfois moelleux, mais ce sont les cabernets-sauvignons qui développent ici cette délicate note fumée, associée aux fruits noirs, à la violette et aux notes de torréfaction. Ces arômes vont de pair avec une bouche charpentée et élégante à la fois.

De la pierre à fusil à la craie

Riche en acides minéraux et en oligo-éléments, le vin participe du règne minéral du fait même de sa composition. Les arômes dits minéraux expriment souvent les caractères du terroir, mais il faut du temps pour que la vigne les capte et que le vin les exprime.

Naissance d'un arôme

Un litre de vin contient environ 100 mg de calcium et 100 mg de magnésium, quelques dizaines de milligrammes de sodium, ainsi que de l'iode, du fluor, du brome, du bore, du silicium, du manganèse, du cobalt, du zinc et bien d'autres minéraux. Des produits soufrés et certaines pyrazines seraient responsables des arômes minéraux présents dans le vin. Beaucoup sont des dérivés de l'acide propanoïque ou de l'alcool correspondant ; d'autres appartiennent à la famille du thiophène ou du butyl-thiophène. La corrélation entre les arômes minéraux et la composition du sous-sol n'est pas directe. Lorsqu'un vin émet des effluves de naphte, on ne trouve pas forcément du pétrole sous les vignes qui le produisent ! Ces notes n'apparaissant qu'après quelques années de vieillissement, ce sont donc des arômes tertiaires.

La pierre à fusil s'apparente au silex. Perceptible dans le vin, son effluve caractérise certains cépages, en particulier le sauvignon. Il pourrait donc être classé dans la catégorie des arômes primaires. Les molécules de la famille du cyclotène, que l'on retrouve dans des végétaux comme le fenugrec, ou encore dans le sirop d'érable, seraient responsables de cet arôme.

Découverte au naturel

L'addition au vin de matières minérales est pratiquée pour contrôler la conservation ou les qualités gustatives du vin. La désacidification, par exemple, consiste à introduire du tartrate neutre de potassium, du bicarbonate de potassium ou du carbonate de calcium précipité. Cette opération n'est pas moderne. Un agronome latin du 1er siècle après J.-C., originaire d'Espagne, Columelle, rapporte que les vignerons et les marchands romains enrichissaient leur vin au *defrutum*, un moût réduit par chauffage, puis le coupaient d'eau de mer parfois mélangée à du plâtre pour en modérer l'acidité et prévenir l'apparition d'un goût de moisi. La correction des moûts assurait en effet aux vins de l'Antiquité une meilleure conservation ou masquait simplement quelques défauts, de même que l'addition de certaines épices ou aromates. Le vin romain était aussi logé en amphores de 20 à 26 litres, fermées par des bouchons de lièges, eux-mêmes scellés par des tampons de poudre d'une roche volcanique, la pouzzolane.

... Et dans les vins

En Bourgogne, la pierre à fusil traduit la subtilité des meilleurs chablis. La légère sécheresse de cet arôme, sa note discrètement brûlée donnent au nez classique des vins issus du chardonnay de la noblesse, exaltent la rondeur des flaveurs de beurre et de brioche. Quelques premiers crus, comme Fourchaumes ou

La Montée de Tonnerre, ainsi que les chablis grands crus Vaudésir, Valmur, Bougros et le Clos expriment des senteurs de pierre à fusil. Que s'y retrouvent des fragrances de mousseron, de fleurs des prés et d'iode, et leur bouquet est complet. Dans la vallée du Rhône septentrionale, certains hermitage blancs, nés des cépages marsanne et roussanne, présentent cette nuance aromatique, qui ne doit jamais être excessive.

La craie, bien plus que le silex, pointe dans le bouquet de fleurs des champs, de citron vert et de mirabelle du chardonnay dans l'appellation mâcon-villages. De même, le sauvignon produit à Sancerre des vins blancs élégants qui accueillent une nuance de craie humide au sein des arômes de fougère, de pin, de menthe, de buis et d'agrumes. Le romorantin, plant de la petite mais remarquable appellation cour-cheverny, est à l'origine de vins blancs vifs et longs, aux accents de craie mouillée. Les crus de saint-émilion situés en rebord de côte

Mémoriser

Vous retrouverez aisément l'odeur de la pierre à briquet en frappant deux silex l'un contre l'autre. Procédez à une dégustation d'un alsace-riesling vieux d'au moins cinq ans pour analyser le caractère minéral de sa palette, puis un marcillac de l'Aveyron pour découvrir l'arôme métallique.

calcaire, comme le Château Belair, peuvent présenter une note de craie caractéristique. Le terroir transparaît ainsi, dans une palette associant fruits rouges, épices, cuir et notes grillées. Pour saisir toute la subtilité de cette note minérale, le vin ne doit pas être marqué par les accents de surmaturité du merlot ou par un élevage en bois neuf dominant.

L'arôme de pétrole peut surprendre dans le vin. Pourtant, l'amateur averti le découvrira dans les grands rieslings alsaciens ou rhénans.

L'alsace-riesling

Le riesling, cépage tardif, recherche les coteaux ensoleillés. En Alsace, il affectionne les sols granitiques, graveleux ou gréseux. Si son expression de jeunesse privilégie les notes florales, la pêche ou le tilleul, son vin acquiert en vieillissant de puissantes notes minérales : il « pétrole », tout en se nuançant d'épices. Cette touche caractéristique entre dans le style du vin ; elle prend toute sa noblesse lorsqu'elle s'associe à une palette complexe.

L'iode

Le parfum de l'iode
évoque irrésistiblement
le bord de mer. Sur la
côte atlantique, en pays
nantais, les muscadets
livrent des effluves marins
et iodés ; mais ceux-ci
émanent également
de vins bien « terrestres »
comme le chablis
de l'Auxerrois, qui
en souligne sa palette
gourmande.

Naissance d'un arôme

L'iode, ou plutôt les sels de
ce métalloïde, les iodures, s'accumulent dans les tissus vivants, qu'ils
soient végétaux ou animaux. Il peut
s'agir d'iodures de sodium, de
magnésium, *etc.*, absorbés par les
plantes dont les racines plongent
dans le sol. Ou bien d'iodures
apportés par le fumage des vignes :
algues ou nitrates en provenance
du Chili qui en contiennent en
concentrations notables. Il existe
aussi de l'iode fossile, emprisonné

dans des couches minérales plus ou moins profondes auxquelles les racines de la vigne ont accès. Le goût de l'iode s'exprime d'autant plus que le grain de raisin a une matière concentrée. En revanche, une note iodée perceptible dans un vin botrytisé est une déviation aromatique : la pourriture n'était sans doute pas tout à fait noble.

Découverte au naturel

L'iode n'existe pas à l'état libre dans la nature mais sous forme de sels que l'on retrouve dans l'eau de mer, l'eau douce et les eaux saumâtres. Sous cette forme, il est absorbé par les êtres vivants et s'accumule en se combinant avec d'autres éléments dans les guanos et les algues. L'extraction industrielle de l'iode se fait à partir de ces matières, ainsi qu'en utilisant les eaux saumâtres des puits de pétrole et des dépôts salins. L'iode est également présent dans notre organisme, où il joue un rôle important : sans lui le fonctionnement de la glande thyroïde ne se fait pas de façon efficace.

... Et dans les vins

Une note iodée apparaît à la dégustation de certains chablis ou petit-chablis. Elle ne doit jamais être dominante, mais simplement souligner la palette minérale, beurrée et briochée. Ce caractère se manifeste plus encore sur la côte Atlantique, dans la région du muscadet, en pays nantais. Les muscadet, muscadet-sèvre-et-maine, muscadet-coteaux-de-la-loire et

muscadet-côtes-de-grand-lieu, élevés ou non sur lie, livrent derrière leur teinte or vert un nez minéral et marin à souhait, complété par des arômes de fleurs blanches et d'agrumes. Une touche légèrement salée est typique du muscadet-côtes-de-grand-lieu, produit aux abords de l'exceptionnelle réserve naturelle du lac de Grandlieu. Plus haut sur le cours de la Loire, le chenin blanc offre aussi des nuances iodées, mais celles-ci se distinguent moins aisément au sein du bouquet riche d'un coteaux-du-layon ou d'un savennières. Il est, bien plus au sud, un autre sanctuaire des vins « iodés » : l'Andalousie et, plus précisément, le terroir de Sanlúcar de Barrameda, où l'on produit le xérès *manzanilla*. Ce vin possède une saveur salée manifeste, rareté dans l'univers œnologique. Découvrez aussi cette incroyable recherche scientifique : André Tchernia, spécialiste en archéologie, et Hervé Durand, propriétaire du domaine des Tourelles à Beaucaire,

Mémoriser

Le parfum de l'iode est certes perceptible dans les huîtres, mais il est encore plus puissant dans le bijus, ou patate de mer, proposé sur les marchés du sud de la France sous le nom de « violet ». Le plus plaisant est encore de s'asseoir au bord de l'Océan par un jour venteux et de respirer doucement en fermant les yeux...

dans le Gard, sur lequel des vestiges du Ier siècle ont été retrouvés, ont remonté le temps pour reproduire les vins de l'Antiquité romaine. Ils suivent à la lettre les préceptes de l'agronome latin Columelle, foulent le raisin aux pieds, font fermenter le moût dans des jarres en terre cuite, les *dolia*... Ils produisent ainsi trois vins romains, dont le *Turriculae*, blanc sec aromatisé au fenugrec et... à l'eau de mer ! À la dégustation, une pointe salée apparaît dès l'attaque, relayée par des arômes de fruits confits et de fruits secs caractéristiques d'une madérisation.

La manzanilla

Élaborée dans des chais situés en bord de mer, la *manzanilla* de Sanlúcar de Barrameda est un xérès *fino* original. À base du cépage palomino, elle est élevée sous *flor* et en *solera*, mais le microclimat très marin qui règne dans ce petit port de pêche lui imprime un caractère unique : une composante salée en bouche. Ses arômes sont tout aussi marqués par une note iodée qui s'allie à l'amande grillée.

Le miel

Le miel est un aliment solaire. Grâce au soleil, son parfum se retrouve captif dans les bouteilles de grands vins blancs, secs, moelleux ou liquoreux, parfois aidé par un microscopique champignon appelé *Botrytis cinerea*. Un philtre de douceur minutieusement préparé par la nature...

Naissance d'un arôme

Certains spécialistes classent les notes de miel parmi les arômes éthérés. Celles-ci se fondent parfaitement avec les fleurs blanches (acacia), vertes (tilleul) ou jaunes (genêt), et s'harmonisent avec les fruités (abricot, coing, mangue, fruits secs). En général, les arômes de miel et de cire proviennent d'un phénomène de concentration des baies de raisin qui ont ainsi perdu une grande partie de l'eau qu'elles contenaient. Les molécules impliquées dans la note de miel sont souvent des dérivés de l'alcool phényléthylique : butyl- et isobutyl-phénylacétate, acétate de phényléthyle, éphénylacétaldéhyde. Elles apparaissent rapidement lors de la fermentation alcoolique.

Découverte au naturel

Le miel provient des matières sucrées contenues dans le nectar des fleurs. Ce nectar est collecté, en partie digéré, puis régurgité par les abeilles dans de petits compartiments de cire, dont l'ensemble forme les rayons de miel. Il existe également des miellats, dont l'élaboration commence lorsque les abeilles « traient » les pucerons proliférant sur certains arbres et qui en distillent, d'une certaine manière, la sève. Le miel n'évoque pas toujours le parfum pur des fleurs dont il est issu : les miels de lavande ou de fleur d'oranger possèdent leur caractère aromatique propre. Les abeilles fabriquent un autre produit dont on retrouve l'arôme dans les vins : la cire (*cf.* p. 114).

... Et dans les vins

L'arôme de miel apparaît essentiellement dans les vins blancs liquoreux. Ceux-ci peuvent avoir bénéficié de l'action de la pourriture noble comme le sauternes, le barsac, le loupiac ou le monbazillac nés du cépage sémillon, ou bien comme l'Ausbruch autrichien, produit aux environs de la ville de Rust, près du lac Neusiedl, à partir du cépage furmint. Les vins issus de vendanges tardives, tel le gewurztraminer alsacien, livrent également des accents de miel. La surmaturation du cépage chenin ligérien crée les conditions favorables à une expression miellée dans les vouvray, par exemple. Enfin, les vins doux naturels blancs (muscat-de-

rivesaltes, par exemple), dont les sucres naturels ont été conservés par mutage, soulignent leur palette d'un tel accent.

Dans le cas de ces trois familles de vins, la perception des sucres, lors de la mise en bouche, conforte la sensation miellée. L'arôme de miel est alors plutôt fruité. Une sensation sucrée imposante indique que le raisin a connu une surmaturation déséquilibrée. La suavité devient telle qu'elle masque les autres qualités du vin. Certains vins blancs secs offrent au nez des arômes de miel, plus proches des senteurs florales. Ainsi du jurançon sec obtenu à partir du cépage petit manseng et dont la

Mémoriser

Organisez une dégustation de miel. Utilisez des verres opaques afin de ne pas être influencé par la couleur et goûtez à une température d'environ 24 °C. Comparez les arômes et saveurs des miels de châtaignier, de lavande, d'acacia et de colza. Retrouvez leur senteur dans le pain d'épice, la cire à l'ancienne, *etc.* Dans l'Antiquité, les Romains préparaient, avec du vinaigre et du miel, de l'oxymel, à la saveur aigre et faiblement alcoolisé. Il existe encore de nombreuses boissons à base de miel : l'hydromel et le chouchen en Bretagne, le xtabentun au Mexique, l'Athol Brose et le Drambuie en Écosse.

note de miel tire sur la fleur de genêt. Dans les vins de mauzac, c'est le parfum miellé de l'acacia en fleur qui vient à la mémoire du dégustateur. Quant au chardonnay de Bourgogne, il décline le miel avec subtilité, sans aucun lien avec la sensation sucrée. Goûtez un montrachet, grand cru de la Côte de Beaune, et vous saurez ce qu'élégance veut dire.

Le montrachet

Au sud de la Côte de Beaune, sur un sol de calcaires bruns et d'éboulis, le chardonnay donne une version superlative du bourgogne blanc entre Puligny-Montrachet et Chassagne-Montrachet. Une version qui associe richesse de matière et raffinement aromatique. Si le vin débute sa vie avec discrétion, quelques années de garde lui suffisent à révéler une extrême complexité tant au nez que dans une bouche parfaitement équilibrée : les fruits secs, les épices orientales, les accents minéraux se mêlent sur un fond de miel caractéristique. La longueur est remarquable.

Le pain frais,
la brioche et le cake

Les levures sont un merveilleux outil pour le cuisinier et le boulanger comme pour le vigneron. Elles sont capables de modifier la texture, les arômes et les saveurs de bien des aliments, dont ceux du vin.

Naissance d'un arôme

Le maltol et l'isomaltol sont deux molécules porteuses d'odeurs de pain ou de biscuit. Le dégustateur averti détecte dans les pâtisseries, les viennoiseries, la bière, le fromage et le vin. Les arômes de boulangerie et de pâtisserie pro-

viennent généralement d'un contact prolongé du vin avec des produits résultant de l'autolyse des levures (c'est-à-dire de la destruction des levures par leurs propres enzymes) lors de la seconde fermentation en bouteille des futurs vins effervescents. Il s'agit ainsi

d'arômes secondaires. L'expression aromatique peut être nuancée par le type de levures, la température de vinification et la durée de contact du vin avec les lies. De plus, le caractère typiquement « levure » est modulé par le contexte aromatique : les notes de vanille tendent à évoquer le cake, alors que les arômes de beurre évoluent vers des senteurs délicieuses de brioche.

Découverte au naturel

Le pain (du latin *panis*), fait de farine de blé, de seigle ou d'orge, fut longtemps un aliment de base. Aux époques anciennes, les populations fabriquaient des galettes séchées à partir d'une bouillie de céréales ou un pain azyme, dont la pâte ne levait pas. Les Égyptiens découvrirent l'usage de la levure biologique, composée d'une multitude de micro-organismes qui provoquent une fermentation ; ils obtinrent ainsi un pain plus digeste, avec de la mie. Dès le XVIIᵉ siècle, les boulangers proposèrent des pains aux formes variées aux citadins. Les viennoiseries rassemblent toutes ces délicieuses pâtes levées et sucrées, d'origine autrichienne : croissants, brioches, pains aux raisins. Le croissant, dont la création serait liée à la défaite des Turcs qui, en 1683, assiégèrent la ville de Vienne, apparut en France grâce à la gourmandise de Marie-Antoinette. Le cake est une pâte poussée, c'est-à-dire obtenue avec de la levure chimique. De texture plus compacte qu'une pâte levée, il se parfume de fruits secs macérés dans l'alcool.

... Et dans les vins

Les arômes de pain, de brioche et de cake caractérisent les vins effervescents de méthode traditionnelle. Cette méthode consiste à faire prendre mousse au vin en bouteille, après ajout d'une liqueur et de levures. En Champagne, la proportion de pinot noir, de pinot meunier et de chardonnay dans l'assemblage influence l'expression aromatique. Le chardonnay renforce l'aspect brioché, en y ajoutant des notes de beurre frais. Les pinots donnent à l'assemblage des accents fruités, de cerise par exemple, évoquant davantage le cake. Le crémant-de-bourgogne développe une gamme semblable et aussi fine lorsqu'il est blanc de blancs, c'est-à-dire issu exclusivement de chardonnay. En Catalogne espagnole, les cépages xarel-lo, macabeo et parellada sont à l'origine d'un vin mousseux élégant, appelé *cava* : les arômes de pain frais se marient dans la flûte au citron, au pamplemousse, aux fleurs blanches, aux

fruits à chair blanche et à l'amande. Les vins blancs tranquilles, élevés sur lies fines en barrique et régulièrement bâtonnés, gagnent eux aussi des nuances de pain frais et de brioche. Le bâtonnage consiste à remuer le vin avec un bâton ou une chaîne afin de remettre les lies en suspension et de diffuser ainsi les protéines et les acides aminés qui

Mémoriser

Élaborez une pâte à pain. Laissez-la reposer dans un endroit tiède et, de temps en temps, malaxez-la, ouvrez-la et humez. C'est la meilleure manière de faire connaissance avec l'odeur des levures au travail. De même, vous pouvez confectionner une pâte à brioche, la laisser lever dans un coin de la cuisine, recouverte d'un linge humide. L'arôme de la pâte crue est attirant, même si l'attraction se renforce après cuisson. Le parfum de la pâte à brioche est plus riche que celui de la pâte à pain en raison de l'apport des molécules à odeur de lait, telle la note butyreuse du diacétyle apportée par le beurre qui est un agent appétissant bien connu des fabricants de viennoiseries. La matière grasse due au beurre permet aussi un enrichissement en arômes : les sucres de l'amidon et les protéines du gluten se conjuguent en une réaction de Maillard (*cf.* p. 137).

favoriseront l'apparition des arômes et renforceront le gras du vin. Les bourgognes blancs de la Côte de Beaune en sont de bons exemples : le bienvenues-bâtard-montrachet laisse un sillage délicat de tilleul et de brioche chaude, après un premier nez d'acacia, d'agrumes, de verveine et de miel.

Le champagne blanc de blancs
La Côte des Blancs, ponctuée des villages d'Avize, de Cramant ou du Mesnil-sur-Oger, n'est plantée que de chardonnay sur des sols crayeux. Le vin de ce cépage acquiert une grande finesse aromatique et un corps élégant qui se prête à l'élaboration de champagnes tournés vers la délicatesse. C'est au cours de la prise de mousse et de la stabulation du vin sur les levures de la seconde fermentation que les arômes s'enrichissent d'une nuance briochée, stade le plus noble d'une série qui peut aller des senteurs de levures à la mie de pain. Les fruits blancs, le miel, les notes d'agrumes complètent le nez.

Le beurre frais

Le beurre est souvent classé, à juste titre compte tenu de son origine, dans le registre animal, mais on peut s'étonner de le voir dans la même catégorie que les arômes de venaison, de cuir et de civette, bien plus torrides. Aussi peut-il constituer une famille à part entière, celle des lactés.

Naissance d'un arôme

La molécule caractéristique de l'odeur de beurre frais est le diacétyl, mais les notes un peu plus agressives des dérivés de l'acide butyrique se manifestent également. L'une des origines de l'arôme de beurre dans les vins est une seconde fermentation dite malolactique : sous l'action des bactéries lactiques naturellement présentes dans la cave ou ensemencées, l'acide malique, assez dur, se transforme en acide lactique, plus souple. Beaucoup de vins rouges « font leur malo », selon l'expression des vignerons, sauf, parfois, ceux destinés à être bus jeunes comme les beaujolais.

Dans la vinification en blanc, la fermentation malolactique est une constante en Bourgogne et s'est répandue en Champagne. Quant aux vins liquoreux, ils ne connaissent jamais cette fermentation puisqu'ils contiennent peu d'acide malique.

Découverte au naturel

Le beurre est obtenu en barattant la crème du lait. Il est généralement élaboré à partir du lait de vache, mais il existe des beurres plus originaux comme le beurre de brebis en Grèce. La couleur et les parfums du beurre varient selon les saisons : les beurres d'automne, moment où les plantes ont accumulé le plus de caroténoïdes, sont plus jaunes ; les beurres de printemps sont les plus odorants, surtout ceux qui proviennent des alpages, car les vaches broutent des plantes en fleurs aux multiples parfums. Il existe deux beurres d'appellation d'origine contrôlée : celui d'Isigny, produit près de la Manche, et celui de Charentes-Poitou.

... Et dans les vins

Du nord au sud, le chardonnay signe les vins blancs de la Grande Bourgogne d'une pointe de beurre : chablis dans l'Yonne, meursault, montrachet, chassagne-montrachet, corton-charlemagne en Côte-d'Or, pouilly-fuissé et mâcon en Saône-et-Loire, et jusqu'au beaujolais blanc. Selon les terroirs et les millésimes, cette pointe beurrée s'allie à des arômes plus ou moins fruités ou floraux, minéraux ou miellés, fermentaires comme la mie de pain. Le chardonnay se rappelle aussi au souvenir du dégustateur de champagnes blancs de blancs dont les vins de base ont « fait leur malo » par une évocation de brioche beurrée.

Le dégustateur retrouve cette note dans les chardonnays de pays d'Oc, dans les limoux et, de façon plus marquée encore, dans les vins de ce cépage issus du Nouveau Monde : Australie, Chili ou Californie. L'arôme de beurre n'est élégant que lorsqu'il participe à une palette complexe. Dominant, il donne une impression de lourdeur.

Mémoriser

Comparez les arômes de beurres de grands crus : de Normandie ou de Vendée, de Bretagne au goût salé, de Grèce au lait de brebis. Certains fromages présentent également des nuances de beurre très concentrées, tel le comté bien affiné et le camembert. Mettez du beurre frais sur une pomme de terre en robe des champs ou sur une tranche de pain grillé : l'odeur du diacétyl est particulièrement perceptible.

Le pouilly-fuissé

Dans le Mâconnais, midi de la Bourgogne, les sols se déclinent depuis les marnes jusqu'aux éboulis calcaires sur les communes de Fuissé, Solutré-Pouilly, Vergisson et Chaintré. Le chardonnay possède ici un charme particulier : il sait être puissant, plutôt opulent, tout en gardant sa finesse aromatique. Le pouilly-fuissé offre une bouche ronde, relevée par une amertume finale rafraîchissante. Ses arômes évoquent les fruits secs, les fruits blancs, les agrumes et le tilleul, ainsi qu'une note de beurre frais associée à la brioche.

Les défauts aromatiques

L'amateur a rarement l'occasion de boire un vin défectueux, les producteurs veillant à la qualité des bouteilles offertes à la vente. Cependant, de multiples pièges attendent le vinificateur et peuvent déprécier le vin. Odeurs de bouchon, de vinaigre, de soufre, de croupi... Et le dégustateur de froncer le nez.

Naissance d'un arôme

Les défauts olfactifs doivent être détectés dès les premières étapes de la vinification ; il ne sert à rien de bloquer des fonds et des volumes pour obtenir un produit impropre à la consommation. Le vinificateur doit s'entraîner à percevoir ces odeurs à des concentrations extrêmement faibles de manière à anticiper les évolutions potentielles. La sensibilité de chacun est très différente selon les types d'odeurs. Certaines personnes ne décèlent pas dans les vins les notes de bouchon ou de soufre qui semblent insupportables à d'autres. Il existe quatre classes principales d'odeurs indésirables dans le vin.

• Les soufrées

Ce sont les odeurs d'œuf pourri (hydrogène sulfuré), d'ail, d'oignon (éthylmercaptan), de caoutchouc brûlé (disulfure de diéthyle), *etc.* Dus à un excès de soufre, ces effluves sont perceptibles à des seuils de concentration très bas (inférieur au ppb, c'est-à-dire à la

Une bonne hygiène des futailles est essentielle pour éviter le développement des bactéries. Dans les fûts de faible capacité, on introduit une mèche soufrée avant de replacer la bonde, afin d'aseptiser le récipient vinaire (à gauche).

brettanomyces, présentes dans des futailles mal nettoyées. Celles-ci sont à l'origine d'arômes animaux très prononcés, comparables à la sueur de cheval, à des odeurs d'écurie. En bouche apparaît un goût métallique et, surtout, une sécheresse finale caractéristique. Les brettanomyces génèrent de nombreux éthylphénols, en particulier l'éthy-gaïacol, l'éthyl-4-phénol et le vinyl-4-phénol.

Le vinaigre

L'arôme de vinaigre est l'expression aromatique de la piqûre acétique. Ce défaut est dû à l'action d'une bactérie (acétobacter) qui transforme l'éthanol en acide acétique et en acétate d'éthyle. Il en résulte une aigreur caractéristique qui altère définitivement le vin. Les acétobacter, présentes dès la vendange, ont la forme de petites cellules cylindriques très courtes, souvent assemblées par deux en une structure évoquant la forme d'un huit. Depuis les études de Pasteur, leur connaissance s'est beaucoup affinée. Ces bactéries ne peuvent sévir qu'en présence d'oxygène. La conservation du vin dans des fûts mal ouillés ou mal fermés est souvent responsable d'un vin piqué. Lorsque, pour diverses raisons, la fermentation alcoolique s'arrête avant que tous les sucres n'aient été transformés en alcool, les bactéries attaquent les sucres résiduels et génèrent une acidité volatile aux arômes désagréables de vinaigre et de beurre rance.

partie par milliard). Ils disparaissent souvent assez rapidement par simple aération.

• Les ammoniacales

Elles proviennent en général de la décomposition des protéines par action enzymatique. Ces molécules produisent des notes olfactives comme celles de poisson plus ou moins frais (méthylamine et dimé-thylamine), d'urine de souris (2-éthyl-3,4,5,6-tetrahydropyridine) et autre senteur animale (pyrrolidine).

• Les pyrazines

La 2-ethylthio-3-methylpyrazine et la 2,3-dimethylpyrazine donnent naissance aux odeurs de moisi et de bouchon.

• Les éthylphénols

Ils sont induits par les levures

Le goût de bouchon

Le bouchon provient de l'écorce du chêne-liège, *Quercus liber*. Son tissu, examiné au microscope, évoque certaines mousses de caoutchouc. Constitué d'alvéoles hexagonales, il doit sa légèreté au fait que ses pores sont remplis de gaz. À côté de ces alvéoles, le bouchon est sillonné par des lenticelles, petits canaux remplis d'une poudre brun-rouge, riche en tanins. Cette structure spongieuse autorise les échanges avec l'air ambiant, lesquels permettent une oxygénation lente et ménagée du vin. Un bouchon trop perforé, trop pourvu de lenticelles gâte la bouteille la plus prometteuse. Comme le dit le proverbe : Tant vaudra le bouchon, tant vaudra la bouteille. Les vins rosés de l'été, les vins d'une saison peuvent s'accommoder d'un bouchon un peu faible, mais les vins destinés à une évolution harmonieuse ne peuvent se passer d'un bouchon de qualité.

Le liège lui-même peut laisser dans le bouquet du vin une trace olfactive faible et bien fondue dans la palette. Ce que l'on appelle le goût de bouchon est en revanche une odeur désagréable – notamment en bouche –, bien reconnaissable. La sensibilité à cet arôme varie suivant les dégustateurs. Si l'intensité n'en est pas trop forte, une bonne aération peut en venir à bout.

Après des années de recherche, la molécule responsable du goût de bouchon a été identifiée. Il s'agirait du 2-4-6 trichloroanisol, résultant de la dégradation de la matière ligneuse du liège lors du traitement au chlore du bouchon : 10 milliardième de gramme de ce produit dans un vin suffirait à générer cette fausse note. Les scientifiques du vin ne sont cependant pas unanimes, et certains mettent en cause le tétraméthyl-tétrahydro naphtalène.

Le soufre

Considéré jusqu'à la fin du XVIIIᵉ siècle comme l'un des trois principes actifs de l'ancienne chimie, le soufre a fait l'objet de nombreuses expériences. Il a intégré l'arsenal du vigneron au XVIIᵉ siècle, sous l'influence des négociants hollandais : la mèche de soufre employée pour stériliser les barriques s'appelle toujours « allumette hollandaise ». Le gaz qui se forme lors de la combustion du soufre, l'anhydride sulfureux ou SO_2, est indispensable à l'hygiène et à la conservation du vin. Il combat efficacement, seul ou associé à des adjuvants, les levures, les bactéries, l'oxydation et les oxydases, qui sont des catalyseurs enzymatiques de l'oxydation. Préservant, grâce à ces propriétés, la fraîcheur de l'arôme durant un long séjour en fût ou lors du vieillissement en bouteille, il est un conservateur indispensable à l'élaboration des vins blancs moelleux ou liquoreux. Cependant, utilisé à trop forte dose, l'anhydride sulfureux laisse une impression aromatique persistante dans le vin : le goût de soufre, souvent annonciateur de maux de tête. Le dosage de ce produit est très délicat : trop faible, le vin s'oxyde ; trop fort, un relent nau-séabond est perceptible à la dégustation. L'addition, avant fermentation, d'une dose excessive d'anhydride sulfureux, surtout en milieu réducteur, c'est-à-dire pauvre en oxygène, fait apparaître des mercaptans, substances à l'insupportable odeur d'œuf pourri, due à la libération d'hydrogène sulfuré. Les effluves soufrés peuvent disparaître après une aération suffisante s'ils ne sont pas trop puissants.

Le moisi, le croupi et les odeurs exogènes

Moisi, savon, croupi, serpillière... dénotent un manque d'hygiène dans les locaux de vinification ou dans le logement vinaire. Certains chais ont dû être refaits après application de produits de traitement insecticide et fongiques des poutres ou des palettes qui n'étaient pas sans incidence sur le goût du vin. Ces produits induisent des arômes proches du goût de bouchon, à la frontière du moisi. Le vin peut être également altéré par une mauvaise filtration et prendre des odeurs de papier, de carton, de terre. Enfin, des accidents peuvent se produire lors du stockage : une cuve de fuel entreposée dans une cave finit par communiquer des arômes de pétrole. Ultrasensible, le vin doit être élevé dans les meilleures conditions sanitaires.

Certains vins blancs, et particulièrement les effervescents, supportent mal d'être exposés à la lumière : ils prennent rapidement des odeurs de réduction qualifiées de « goût de lumière ». C'est pour cette raison

qu'ils sont généralement logés en bouteilles de couleur, protégées par du papier opaque ou mises en carton.

Le géranium

L'arôme de feuille de géranium est souvent le résultat d'un apport mal proportionné d'acide sorbique dans le vin au cours de la fermentation. L'ajout de cet acide peut sembler nécessaire pour freiner la fermentation levurienne. Il s'agit en effet d'un fongistatique, qui ne détruit pas les champignons (ou les levures), mais interrompt leur multiplication, ainsi que la transformation par ces micro-organismes des sucres en alcool. Si l'acide sorbique n'a pas été dosé de façon à être entièrement consommé dans l'opération, l'excès est dégradé par les bactéries lactiques et se transforme en une molécule à l'odeur et au goût de feuille de géranium froissée. Cette note aromatique confère un arrière-goût désagréable et persistant au vin. Elle se distingue radicalement de l'arôme primaire de géranium rosat, proche de celui de la rose et, par là même, recherché dans les vins de muscat.

Savoir...
Le vocabulaire des arômes

Alcool

Composé organique simple, caractérisé par une ou plusieurs fonctions hydroxyles libres (radical OH). Dans le vin, l'alcool le plus important est l'alcool éthylique, également nommé éthanol. En mesurant sa concentration dans le vin, on obtient le degré alcoolique, ou titre alcoométrique. Dans le domaine aromatique, les alcools jouent un rôle important. Les alcools terpéniques (linalol, géraniol, nérol, menthol) sont très parfumés, ainsi que l'éthanol. Ce dernier, grâce à sa grande volatilité, accroît la puissance olfactive globale du vin. (*Cf.* p. 6-7.)

Anosmie

Incapacité à pouvoir percevoir des sensations olfactives. (*Cf.* p. 9.)

Arôme

Odeur agréable perceptible au nez et en bouche, par rétro-olfaction, à la dégustation d'un aliment. Les arômes, ou notes aromatiques, sont classés par familles (végétale, florale, fruitée, épicée, boisée, animale, empyreumatique, *etc.*). (*Cf.* pp. 6-7 & 34-35.)

Bouquet

Ensemble des arômes tertiaires, liés à l'évolution du vin durant l'élevage et la garde en bouteille. (*Cf.* p. 24-25.)

Caudalie

Durée de perception des arômes d'un vin après ingestion, exprimée en seconde. (*Cf.* p. 16-17.)

Chromatographie

Méthode d'analyse largement utilisée dans le domaine de l'œnologie, qui consiste à séparer des substances en solution. (*Cf.* p. 14-15.)

Ester

Molécule issue de la réaction d'un alcool et d'un acide. Par exemple, l'alcool éthylique et l'acide acétique donnent l'acétate d'éthyle à l'arôme vineux caractéristique. De même, on retrouve le lactate d'éthyle après la fermentation malolactique ou encore l'acétate de linalyl dans les vins nés du cépage muscat, riche en linalol. (*Cf.* p. 6-7.)

Fermentaire

Synonyme de secondaire. (*Cf.* p. 22-23.)

Flaveur

Goût et odeur d'un aliment perçus lors de la mise en bouche. Les arômes parviennent à la muqueuse olfactive, à la fois par voie directe et par voie rétronasale. (*Cf.* pp. 6 & 8-9.)

Molécule

Groupe d'atomes liés entre eux, constituant la plus petite partie de la matière à l'état libre. (*Cf.* p. 6-7.)

Nez

• Organe de l'odorat (*cf* p. 8-9).
• Ensemble des arômes d'un vin (*cf.* p. 16-17). Le dégustateur distingue deux « nez » à l'analyse sensorielle : le premier nez constitue l'ensemble des sensations olfactives perçues en déplaçant doucement le verre sous le nez, sans le remuer. Pour découvrir le second nez, le dégustateur agite le vin plus ou moins vivement.

Odorat

Sens par lequel les odeurs sont perçues et identifiées. L'organe de l'odorat est le nez. S'il existe quatre saveurs fondamentales (sucré, salé, amer, acide) et trois couleurs primaires (rouge, bleu, jaune), les scientifiques ont dénombré environ mille odeurs de base. (*Cf.* p. 8-9.)

Oxydation

Transformation du vin au contact de l'air. Si une oxydation ménagée favorise l'évolution des arômes, une oxydation excessive altère le vin en le brunissant, en lui communiquant des senteurs de vinaigre.

Précurseur d'arôme

Résultat de la liaison d'une molécule odorante volatile à une autre molécule, non volatile et inodore, de la famille des glucides (sucres), qui se solubilise dans le milieu cellulaire du raisin. À de rares exceptions près, les arômes du raisin sont imperceptibles avant le pressurage qui met en contact certaines enzymes avec les précurseurs d'arômes. L'action biochimique des enzymes permet de séparer dans un précurseur d'arôme la molécule non volatile de celle, volatile et odorante, qui prend dès lors son essor. La molécule volatile peut ainsi être captée par l'alcool produit lors de la fermentation et réagir avec d'autres molécules pour générer de nouveaux arômes. (*Cf.* p. 18-19.)

Primaire

Qualifie un arôme issu du raisin pressuré, qui n'a pas encore subi de fermentation. Parmi les arômes primaires, se manifestent souvent des notes fleuries (rose du muscat, violette de la syrah), fruitées (pomme du mauzac), végétales (buis du sauvignon, poivron vert du cabernet-sauvignon) ou minérales (pierre à fusil du riesling). Synonyme : arôme variétal. (*Cf.* p. 20-21.)

Réduction

Transformation du vin dans un milieu pauvre en oxygène, comme la bouteille obturée par un bouchon de liège. Une réduction excessive entraîne des défauts aromatiques (odeur de renfermé, de croupi, d'ail). Une bouteille exposée à la lumière (notamment de vin blanc, comme le champagne) peut prendre un goût de réduit, dit « goût de lumière ».

Rétro-olfaction

Perception des arômes circulant *via* l'arrière de la bouche, c'est-à-dire par voie rétronasale. (*Cf.* pp. 8-9 & 16-17.)

Secondaire

Qualifie un arôme résultant des fermentations alcoolique ou malolactique. Les molécules en présence dans le moût réagissent entre elles pour donner naissance à des familles, ou séries, d'arômes : la série fermentaire (levure, mie de pain, brioche), la série lactée (beurre frais), la série amylique (banane, bonbon anglais). (*Cf.* p. 22-23.)

Seuil de perception

Concentration de molécules volatiles à partir de laquelle le dégustateur distingue la présence d'un arôme, sans pour autant être capable de le nommer. Les seuils de perception varient de 1 à 10 000 suivant les arômes, le milieu et, sourtout, le dégustateur. (*Cf.* p. 8-9.)

Seuil de reconnaissance

Concentration de molécules volatiles à partir de laquelle le dégustateur identifie l'arôme présent dans le vin. Les seuils de reconnaissance varient de 1 à 100 suivant les individus. (*Cf.* p. 8-9.)

Terpène

Molécule issue d'un noyau à cinq atomes de carbone (noyau isoprène). Les terpènes sont caractéristiques du métabolisme secondaire de la plante qui lui permet de fabriquer d'autres composants que la tige et les feuilles, c'est-à-dire des fleurs, des graines, des fruits, du sucre, des arômes et du parfum.

De nombreux terpènes sont à l'origine d'arômes frais et floraux dans le vin. (*Cf.* p. 6-7.)

Tertiaire

Qualifie un arôme développé au cours de l'élevage et du vieillissement du vin en milieu réducteur, c'est-à-dire privé d'oxygène. L'expression des arômes tertiaires est diversement influencée par la taille et le matériau du logement vinaire (bouteille ou cuve, bois ou verre, Inox ou béton), la température de la cave, le titre alcoométrique, le taux de sucres résiduels et le pH du vin, la teneur en oxygène du milieu. L'ensemble des arômes tertiaires perçus dans un vin âgé constitue le bouquet. Les notes de pâtisserie (miel, pâte d'amande, cake), les nuances boisées, épicées et balsamiques, les effluves animaux et empyreumatiques sont caractéristiques du bouquet. (*Cf.* p. 24-25.)

Variétal

Qualifie un arôme qui provient uniquement du cépage. Synonyme de primaire. (*Cf.* p. 20-21.)

Volatilité

Capacité d'une molécule à se transformer en vapeur, en gaz. Si elles n'étaient pas volatiles, les molécules aromatiques ne pourraient parvenir jusqu'à la muqueuse olfactive pour sensibiliser le dégustateur à l'histoire du vin. Différents facteurs modulent la volatilité : la chaleur, la forme du verre et de la carafe, la teneur en alcool et en sucres résiduels. (*Cf.* p. 6-7.)

Index

159

Crédits
photographiques

Couverture : Scope/ J. Guillard & Scope/J.-L. Barde.

Jacques Boulay : 96 (x 2).
Pierre Hussenot / Sucré-Salé : 138.
Lamontagne : 37.
Picto/Beychevelle : 25.
Claude Prigent : 26.
Photothèque Hachette : 6, 34.
Union des œnologues de France : 13 (x 2).

SCOPE
• **J.-L. Barde :** 3, 14, 17, 19, 22, 24, 32, 38, 78, 104, 108, 120, 124, 136, 140, 155.
• **P. Beuzen :** 112, 122.
• **C. Cheadle :** 114.
• **D. Czap :** 7, 74 (droite), 92, 132, 144.
• **M. Gotin :** 10 (x 2).
• **J. Guillard :** 4, 12, 31 (bas), 37, 39, 40, 41, 42, 43, 44, 45, 46, 47, 48, 49, 50, 51, 52, 53, 54, 55, 56, 57, 58, 59, 60, 61, 62, 63, 64, 65, 66, 67, 68, 69, 70, 71, 72, 73, 74 (gauche), 75, 76, 77, 79, 81, 82, 83, 84, 85, 86, 87, 88, 89, 90, 91, 93, 94, 95, 97, 98, 99, 100, 101, 102, 103, 105, 106, 107, 109, 110, 111, 113, 115, 116, 117, 118, 119, 121, 123, 125, 127, 129, 131, 133, 135, 137, 139, 141, 142, 143, 145, 147, 149, 151.
• **M. Guillard :** 8, 23, 29, 80, 126 ,152.
• **P. Guy :** 128, 148.
• **F. Hadengue :** 22.
• **F. Jalain :** 146, 153.
• **L. Juvigny :** 134.
• **S. Matthews :** 130.
• **M. Plassart :** 150.
• **J.-L. Sayegh :** 31 (haut).
• **A. Vivier :** 21.

ÉDITION
Catherine Montalbetti

ÉDITEUR ASSISTANT
Anne Le Meur

CONCEPTION GRAPHIQUE
Graph'm / François Huertas

RÉALISATION
Graph'm

LECTURE - CORRECTION
Évelyne Werth

Imprimé en Espagne par Gráficas Estella
Dépôt légal :30467 - janvier 2003
N° d'édition : 35351
ISBN 201 236 667 8
23.51.6667-2/02